CU00621302

F188

di
Daniele Amaduzzi
Andrea De Adamich
Oscar Orefici

F1-88
La sfida infinita
© Vallardi & Associati
Milano - Italy

Le fotografie di tutto il volume sono state
realizzate da Daniele Amaduzzi
con apparecchi e ottiche Canon
e pellicole Fuji

Testi di Andrea de Adamich e Oscar Orefici

Grafica ed impaginazione
Flavio Gandini

Coordinamento tecnico
Giuseppe Malorni

Composizione
Tecnograf - Peca

Fotoliti
Top-Color
Arte & Colore
Peca

Carta: Garda Art
Inchiostri della Colorama (Milano)

Stampa Meina
(Carugate - Milano)

Finito di stampare
nel Dicembre 88 in Italia
(Printed in Italy)

First published in 1989 by Motorbooks International Publishers
& Wholesalers Inc, P O Box 2, 729 Prospect Avenue, Osceola,
WI 54020 USA

©Vallardi & Associati - Milan - Italy - 1988

All rights reserved. With the exception of quoting brief passages
for the purposes of review no part of this publication may be
reproduced without prior written permission from the publisher

Motorbooks International is a certified trademark, registered
with the United States Patent Office

Printed and bound in Italy

The information in this book is true and complete to the best of
our knowledge. All recommendations are made without any
guarantee on the part of the author or publisher, who also
disclaim any liability incurred in connection with the use of this
data or specific details

We recognize that some words, model names and designations,
for example, mentioned herein are the property of the
tradomark holder. We use them for identification purposes only.
This is not an official publication

Library of Congress Cataloging-in-Publication Data
ISBN 0-87938-345-3

Motorbooks International books are also available at discounts
in bulk quantity for industrial or sales-promotional use. For
details write to Special Sales Manager at the Publisher's address

LOTUS

La Lotus è stata per anni una delle regine della Formula 1, la principale antagonista della Ferrari, tanto da avere ottenuto nella sua trentennale attività sportiva ben 79 vittorie in Gran Premi validi per il campionato del mondo.

. A fondarla, verso la fine degli anni 50, è stato Colin Chapman, un ex ufficiale della Raf, animato dalla voglia di conquistarsi un posto al sole come costruttore di automobili da corsa e di sofisticate berlinette Gran Turismo.

Proprio Chapman ed i suoi più stretti collaboratori sono stati i portabandiera del più esasperato progresso tecnologico, i padri delle moderne monoposto da Gran Premio: tutto ridotto all'essenziale per risparmiare sul peso e sulle resistenze aerodinamiche.

Ma quella della Lotus non è soltanto una storia di macchine, ma anche degli uomini che hanno contribuito a costruire il mito della scuderia inglese per eccellenza.

Impossibile non ricordare Jim Clark, il fuoriclasse scozzese, intimo amico di Chapman, che portò alla Lotus i suoi primi titoli mondiali nel '63 e nel '65, oltre ad un prestigioso successo nella 500 Miglia di Indianapolis del '65. Senza dubbio altri prestigiosi traguardi sarebbero stati raggiunti dal binomio se Jimmy non avesse perso la vita in una gara di Formula 2, sul circuito di Hockenheim, nella primavera del 1968; poi sarebbero venuti gli altri successi iridati con Graham Hill ('68), con Rindt ('70), Fittipaldi ('72), e Andretti ('78).

Dopo l'ultimo trionfo, il primo conquistato da una vettura ad effetto suolo, la Lotus è piombata in lunga, irreversibile crisi, di cui la principale vittima è stato Elio De Angelis, che alla squadra di Chapman ha dedicato tutto se stesso senza ottenere i risultati sperati.

Morto Chapman, nel dicembre dell'82, la vedova del costruttore, Hazel, affidò la scuderia ancora a Peter Warr, che, pur disponendo di piloti del calibro di Senna prima e di Piquet poi e dei motori della Honda, non è riuscito a riportare la Lotus agli antichi splendori.

Doveva festeggiare i 30 anni, doveva festeggiare il n. 1 di Nelson Piquet, doveva dimostrare che pilota, Gerard Ducarouge tecnico, e motore Honda erano un trinomio adatto a mettere sull'attenti tutti gli avversari.

Il 1988 invece è stato un disastro. Non ha intaccato la tradizione e l'immagine di questa squadra, ma da un punto di vista commerciale l'88 ha obbligato la Lotus a revisionare i suoi piani 1989.

Nelson Piquet ha corso tutto l'anno senza quella concentrazione e grinta che aveva dovuto tirar fuori quando, alla Williams, il suo compagno di squadra si chiamava Nigell Mansell.

Spesso gli addetti ai lavori hanno visto in Nelson il pilota che aveva corso i suoi ultimi gran premi, pago di 3 titoli mondiali e del denaro guadagnato.

Ed invece il problema evidentemente ha anche risvolti tecnici:

— difficoltà di messa a punto per la mancanza di 2 piloti competitivi in squadra;

— non eccessiva disponibilità di Piquet a sacrificare la sua vita privata per prove e controprove nell'evoluzione della macchina;

— problemi di gestione generale interna, causati dalla sicura perdita dei motori Honda e dalla difficoltà di alternative valide.

La squadra ha vissuto un'annata da dimenticare, soprattutto quando, dopo certe prove ufficiali ci si trovava con Satoru Nakajima, confermato anche per l'89, più veloce del campione del mondo Nelson Piquet.

L'89 sarà un anno di transizione, un po' come quello Williams di quest'anno, e proprio con gli stessi motori Judd. Ma alla Lotus si parla già del prossimo futuro: nuovo motore, grande nome, vincente.

The Formula 1 "queen" and the Ferrari's strongest competition for a numer of years, the Lotus has won 79 Grand Prix world championship races.

The Lotus company was founded near the end of the '50s by Colin Chapman, a former RAF officer who one day decided that what he wanted to do was completely dedicate himself to the building of racing cars and sophisticated Grand Tourism sedans.

It was Chapman and his closest collaborators who became the leaders in automotive technological progress, and the fathers of the modern Grand Prix single-seaters, which were stripped of all the nonessentials, so as to save weight and reduce drag.

The Lotus story is not just one about cars, but also includes the men on the English teams whose later fame became legendary.

How can anyone forget Jim Clark? Besides being Chapman's close friend, he drove the Lotus in the world title winning races in '63, '65, and who in that same period ('65) had a prestigious success in the 500 Mile Indianapolis race. And Jimmy would have undoubtedly gone on adding to his impressive collection of successes had he not lost his life in that Formula 2 race at the Hockenheim racetrack in 1968. The Lotus continued to reap victories with Graham Hill in '68, Fittipaldi '72, and Andretti '78.

After its last triumph - the first obtained by a vehicle with ground effect - the Lotus went into a long irreversible crisis, the first victim of which was Elio De Angelis, who gave the very best of himself to Chapman's team without obtaining the hoped-for results.

In December, 1982, Chapman died and his widow, Hazel, put Peter Warr in charge of the team. Although he had such drivers as Senna and - later - Piquet, as well as Honda engines, he was unable to bring Lotus back up to its original enviable position.

It was to have been the celebration of Nelson Piquet's 30th birthday by demonstrating that he, Gerard Ducarouge - the mechanic - and the Honda engine was the winning combination that would have put all the adversaries on the defensive.

But 1988 turned out to be a flop. The tradition and image of this team came out all right, from the commercial standpoint, but the '88 results made Lotus realize that their plans for 1989 had to be revised.

All year long, Nelson Piquet seemed to lack the concentration and determination he had to have when he was driving the Williams and had a teammate called Nigel Mansell.

The people in the business very often got the impression that Nelson was satisfied with his 3 world titles and all that money he earned, and was soon going to bow out the Grand Prix racing game.

But the problem also seems to have technical aspects:
— difficulty in obtaining the right tuning because of the lack of two competitive drivers on the team;
— reluctance on the part of Nelson to sacrifice enough of his private life to devote more time to making tests and still more tests regarding the evolution of the car;
— general internal management difficulties, because of the certain loss of the Honda engine and inability in obtaining a suitable alternative.

This was a year that the team would like to forget about, especially since Satosu Nakjima - who's been confirmed for '89 - proved to be faster than the world champ, Nelson Piquet, in certain official test runs. '89 will be a transition year, something like what this year has been for the Williams, and the same Judd engines will be involved. But the Lotus people are already talking about the near future with a new engine and with great names that are winners.

TYRRELL

Facoltoso commerciante di legnami, e perciò definito "il boscaiolo", Ken Tyrrell ha fatto il suo ingresso in Formula 1, come gestore di una scuderia che utilizzava il materiale della Matra. Era il 1968.

La fortuna del ruvido Tyrrell è stata quella di avere dato fiducia a Jackie Stewart, pilota scozzese, che aveva mosso i primi passi in Formula 1 con la BRM, senza però essere tenuto nella debita considerazione.

Già nel '69 Stewart con la Matra della squadra di Tyrrell arrivava alla conquista del titolo mondiale, un successo che spingeva Ken a trasformarsi in costruttore. L'iniziativa si rivelava ottima e Stewart, cogliendo ben sette vittorie, nel '71 otteneva il suo secondo titolo e nel '73 il terzo.

Dopo il ritiro del campione scozzese, avvenuto subito dopo il trionfo del 1973, per la Tyrrell aveva inizio una lenta, ma inarrestabile crisi.

Tra il '74 e il '75, con Jody Scheckter, il pilota sudafricano scoperto sempre da quell'ottimo talent-scout che era e che è tutt'ora Tyrrell, il team coglieva tre successi: troppo pochi per una scuderia che si era abituata a ben altri bottini.

Nel tentativo di dare vita ad un nuovo corso, anche da un punto di vista tecnico, il costruttore inglese si presentava al via del mondiale '76 con una rivoluzionaria vettura a sei ruote, di cui quattro — con diametro inferiore all'usuale — sull'asse anteriore. Quella strana vettura, nonostante le mille critiche, riuscì comunque a vincere un Gran Premio, quello di Svezia.

Dovevano trascorrere due anni prima di ritrovare una Tyrrell vincente, con Patrick Depailler nel prestigioso Gran Premio di Monaco.

Le ultime soddisfazioni a Ken Tyrrell le ha regalate Michele Alboreto, altro pilota lanciato in Formula 1 dal "boscaiolo", che si è imposto nei circuiti cittadini di Las Vegas e di Detroit. Poi, con l'avvento del turbo, per la Tyrrell era notte, una lotta per la sopravvivenza.

Per la prossima stagione, con il ritorno ai propulsori aspirati, Ken Tyrrell ha fatto le cose in grande, assumendo un tecnico di valore come Harvey Postlethwaite, transfuga dalla Ferrari.

Da quanto tempo ormai la Tyrrell è ferma ai suoi numeri di gara 3 e 4? Dai tempi di Jackie Stewart: 1973.

Ken Tyrrell ha lavorato quest'anno con quello che aveva a disposizione, forse più con il concetto di sopravvivenza che di prestazioni.

Palmer è stato in linea con le dimensioni della squadra, Bailey è stato un disastro. Le qualificazioni hanno avuto in lui un punto quasi scontato di non riuscita.

Semplicità di costruzione, semplicità di gestione, onestamente allo stesso livello di quando Ken, con il suo pupillo Stewart, ha vinto i mondiali. Ma i tempi sono cambiati e gli avversari anche, soprattutto se si pensa ad una McLaren con 160 dipendenti.

La Tyrrell sembra essersi fermata ad allora. Un allora in cui era l'unica squadra a dare la sensazione della super-professionalità; oggi sembra più la squadra gestita da un gentleman desideroso di spendere un po' di soldi per restare nel mondo della Formula 1.

Ken Tyrrell non ha sicuramente mai perso soldi nel mondo delle corse, ma non ha mai investito più del necessario.

Telaio semplice, aereodinamica elementare, motore classico Cosworth, piloti poco costosi, anzi un Bailey apportatore di denaro.

Forse Tyrrell si è stancato di questo ruolo classe C nello schieramento di partenza. Ha anche capito che il regolamento 1989, con l'abolizione del turbo, gli può permettere di risalire la china, non ai livelli McLaren-Honda, ma certamente di posizionarsi nel gruppetto degli inseguitori. Grandi investimenti umani e tecnici, con Postlewhite e Midgeo già al lavoro dall' agosto '88 per il riscatto del prossimo anno.

Ken Tyrrell used to deal in lumber, and this is why he is referred to as "The Lumberjack". He got involved with the Formula 1 when he became the manager of a team that used Matra equipment. This was in 1968.

"The Lumberjack" hit it lucky when he put his faith in Jackie Stewart, the Scottish driver. Jackie was weaned into the Formula 1 with the BRM, but nobody really appreciated him.

In '69, Stewart won the world championship driving for Tyrrell in a Matra. This success induced "The Lumberjack" to become a racing car builder. This turned out to be a good idea, and Stewart won all of seven races and won two more world titles, one in '71 and the other in '73.

Right after winning his third world title in '73, Jackie decided to leave the racing game. From then on, Tyrrell slowly slumped further and further into an unarrestable crisis.

Tyrrell, being the shrewd talent scout he has always been, discovered Jody Scheckter in South Africa and signed him up. With Scheckter on the team, Tyrrell obtained three wins between '74 and '75; far too few for an outfit like Tyrrell's that was used to much higher rewards.

Tyrrell was trying to establish a new type of race, which was also new from the technical standpoint. The Tyrrell car that showed up for the '76 world title made everybody gawk; it had 6 wheels. The two rear wheels were normal, but there were 4 smaller front wheels. It received a lot of criticism, but this strange looking vehicle managed to win Grand Prix, the G.P. of Sweden.

A full two years had to go by before a Tyrrell won its next race, which was the G.P. of Munchen with Patrick Depailler at the wheel.

Michele Alboreto is another of "The Lumberjack's" discoveries. Tyrrell's recent rewards have been the work of Michele, who won at Las Vegas and Detroit, two city tracks. Later, when the turbo came onto the scene, things became grim for Tyrrell and his main concern was to survive.

With the return of non-supercharged cars in this next season, Ken Tyrrell has done things in a big way by hiring a top-flight mechanic like Harvey Postlethwaite, which he lured away from Ferrari.

How long has the Tyrrel been at 3 and 4 as the number of its races? Back in the days of Jackie Stewart: 1973.

Ken Tyrrell put in a lot of work this year with I want he had available, and was aiming more at surviving, rather than making performance gains.

Palmer was up to the team's level.

Bailey was a complete disappointment. According to the qualifications, it was just about a foregone conclusion that he wouldn't make it.

The same simple construction, simple management; really at the same level as when Ken, with his pupil Stewart, won the world championships. But times have changed, and so have the adversaries, especially like the McLaren with its 160 employees.

The Tyrrel seems to have made no progress since then. Back then it was the only team that could gave the impression of being super-professional. Today, it seems more like a team managed by a gentleman sportsman who only wants to invest just enough money to be able to stay in the Formula 1 game. One thing is certain, Ken Tyrrel has never lost any money in the game, but he's never invested more than the bare required minimum.

A simple frame, elementary aerodynamics, a classic Cosworth engine, drivers that don't cost too much; in fact, a man like Bailey who's invested some of his own cash. Maybe become a bit tired of being in the Class C power category. He's Tyrrell's also aware of the fact that the new ruling for 1989, that outlaws the turbos, could permit him to get back on top. Not right on top with the McLaren-Honda, but at least right in there with those close behind. There's a big investment being made of men and mechanics, with Posttewhite and Midgeo already on the job since August of '88 to make this next year a really important one.

WILLIAMS

"Per avere successo in Formula 1 basta fare il contrario di quanto predica Frank Williams", così, nel gennaio del 1977, sentenziò Walter Wolf, miliardario austro-canadese, dopo avere diviso la sua strada da quella del manager inglese e fondato una sua scuderia.

Ma Wolf aveva torto, perché Frank Williams si stava preparando ad una clamorosa rivincita. Trovati i soldi agganciando alcuni sponsor arabi, data fiducia ad un giovane tecnico, Patrick Head, ed ad un pilota australiano, Alan Jones, allora sconosciuto, dal 1978 dava inizio alla scalata verso il successo, tanto che la sua squadra, al pari della McLaren, viene considerata la regina della Formula 1 degli anni '80.

La ricetta dei primi successi è stata semplice: vetture convenzionali, ma impeccabili, perfetta organizzazione e piloti grintosi, affamati di vittorie.

Nel 1980, con Alan Jones, arrivava il primo titolo mondiale e ci sarebbe stato un bis immediato se Carlos Reutemann non avesse avuto un imprevedibile cedimento nell'ultima e decisiva gara, regalando in pratica il titolo a Nelson Piquet.

Il secondo mondiale la Williams se lo aggiudicava nell'82, con Keke Rosberg, approfittando anche delle disavventure della Ferrari.

Nell'84 Frank Williams raggiungeva un importante accordo con la Honda, che gli garantiva la fornitura in esclusiva dei motori Honda.

Nell'85 arrivano i primi risultati di rilievo e la stagione successiva, con l'ingaggio di Piquet, che affianca Mansell, sembra debba essere quello di un facile trionfo. Ma un incidente automobilistico che costringe Frank Williams su di una sedia a rotelle, e la sfrenata rivalità fra i due piloti rovinano la stagione, con il risultato di regalare la corona iridata alla McLaren-Porsche di Alain Prost.

Nell'87, però, la Williams è imbattibile. A turno Nelson Piquet e Nigel Mansell, nel ruolo di duellanti dell'anno duemila, sono stati in testa al campionato. Alla fine a prevalere è stato il brasiliano, che ha saputo gestirsi meglio da un punto di vista tattico.

Abbandonato dalla Honda, secondo altri tradito, Frank Williams non si è perso d'animo e dopo una stagione di transizione con i motori aspirati della Judd, sembra in grado di garantire al suo team un futuro degno degli onori raccolti in meno di due lustri.

Una squadra che non demorde, forse in linea con il carattere del suo pilota 88 Nigell Mansell. Una squadra "Mastina" pensando alla grinta di Patrick Head, alla grinta di Mansell Patrese, alla grinta di un Frank Williams sempre combattente dalla sua seggiola a rotelle. Ma l'anno 88 è stato avaro, e non poteva non esserlo. Honda e mondiale nell'87, aspirato Judd e ridimensionamento agonistico quest'anno. Exploit saltuariamente del pilota n° 1; rincorsa periodica di Riccardo Patrese di una prestazione adeguata alle sue aspirazioni, senza mai però centrarla. C'è anche la convinzione che la Williams abbia voluto vivere la realtà delle sue possibilità pensando alla rivincita del 10 cilindri Renault ed alla sua esclusiva. Anche i problemi umani nati tra Frank e Mansell, quando questi ha deciso il suo passaggio alla Ferrari, hanno intaccato le strategie della squadra. Non bastano i cavalli, le sospensioni, gli alettoni per essere competitivi: anche l'armonia tra i personaggi può essere determinante.

Si dice sempre che oggi la macchina vale molto di più del pilota. E' vero, ma se il pilota è ammalato e non può guidare, il suo valore nel binomio vale 100%. Ecco dunque che l'assenza di Mansell da 2 gran premi, la sua prestazione completa in altri, ha penalizzato la squadra in modo determinante per un bilancio finale. Ma ormai è tutto 89: motore Renault, Therry Boutsen a fianco di Patrese. Tutto è pronto per la rivincita. E Frank Williams la segue già da ora.

"To be a Formula 1 success, all one needs to do is just do the opposite of what Frank Williams preaches". This is what the Austro-Canadian millionaire, Walter Wolf, declared in 1977 after having parted ways with the English manager and set up his own stables.

Wolf was mistaken about Williams, howewer, because Frank was getting ready for a sensational comeback. He got some financing from a few Arab sponsors, put his trust in a young mechanic, Patrick Head, and took on an unknown Australian driver, Alan Jones. Beginning with 1978, the Williams began its steady climb up the ladder of success and, in the '80s, shared honors with the McLaren as the most oustanding Formula 1 car.

The recipe for its first successes was simple: conventional - but impeccable - cars, perfect organization, and fearless drivers hungry for victories.

The Williams won its first world title in 1980 with Alan Jones driving, and would have won another one right after that if Carlos Reutemann's car had not had a malfunction during the last race of the series, thus practically gifting the title to Nelson Piquet.

In '82, Keke Rosberg - helped by Ferrari's bad luck - drove the Williams to its second world title.

In '84, Williams closed an important deal with Honda whereby it became Honda' exclusive engine client.

The first important results were obtained in '85. Then, the following season, when Piquet was hired to team with Mansell, a sure victory seemed to be in the cards. But with Frank Williams having to be confined to a wheelchair after an automobile accident, and the unmitigated rivalry between the two drivers, the season turned out to be a flop for them, with their practically giving the title to Alain Prost in his McLaren-Porsche.

But, in '87, the Williams was unbeatable. Nelson Piquet and Nigel Mansell battled it out, like two 21st Century duelers, and kept their leading positions in the championship series. The Brazilian, however, had the edge over Mansell, as regards tactics, and won out in the end.

Frank Williams was later abandoned by Honda - some say he was betrayed - but this did not discourage him. After just one transitional season, in which he used the Judd non-supercharged engines, he seemed able to guarantee his team a future worthy of what was attained in less than 10 years.

This is a team that has a lot of grit, which is certainly what we could say about the main character trait of the '88 Williams driver, Nigel Mansell. Such unrelenting determination is also demonstrated by Patrick Head and Patrese, not to mention Frank Williams who doesn't let his wheelchair cramp his fighting spirit.

'88 was a lean year for the Williams, which was to be expected, after the Honda and the world championship in '87 gave way to the Judd engine and the competitive redimensioning of this year. Of course, there were the occasional spurts by Riccardo Patrese, the No. 1 driver, who performed well enough, but he never quite the grade.

Some opinions have it that the Williams people wanted to keep within the limits of their real possibilities, while looking forward to their exclusivity, as regards the 10 cylinder Rensu, and the promise they're hoping that holds for them.

Mansell's opting for the Ferrari did not go down so well with Frank, and this also affected the team's strategy. In order to be competitive, you need more than just a lot of horsepower, a high-tech suspension system and ailerons; the right team spirit and cooperation are absolutely vital.

People keep saying that the car's the really important thing, not the driver. They may be right, but if the driver gets sick and can't drive, what happens to the car's performance?

But now all the stops are out for '89, with the Renault engine and Thessy Boutsen in there with Patrese. Everything's ready for the big comeback, and this is just what Frank Williams has been looking forward to for a long time.

ZAKSPEED

Quella di Eric Zakowski potrebbe essere la storia di un profugo qualsiasi. Fuggito dalla Polonia, ha fatto della Germania la sua seconda patria, e qui ha intrapreso l'attività di preparatore di vetture da competizione.

L'animo da emigrante ha poi spinto Zakowski ad affacciarsi anche sull'altra sponda dell'oceano Atlantico, dove la Ford gli ha affidato la gestione delle sue vetture per il popolare campionato IMSA.

La Formula 1 è stata per lungo tempo il sogno, neppure troppo segreto, di quest'uomo che ha l'avventura nel sangue.

È nell'84 che ha cominciato a lavorare concretamente al progetto, con intenzioni ambiziose. Ha voluto realizzare una vettura interamente tedesca, dal telaio al motore, seguendo l'esempio della Ferrari, che fa tutto in casa.

Sono stati due piloti tedeschi a far compiere i primi giri in pista alla Zakspeed di Formula 1: Klaus Ludwig, uno specialista delle gare di endurance, e Manfred Winchelhock. E pure il colore della vettura era quello nazionale tedesco, l'argento, che riportava la memoria alle imprese della Mercedes di Fangio e di Moss.

Diventerà poi biancorossa la Zakspeed, con la livrea della West, nel debutto avvenuto nel Gran Premio del Portogallo del 1985.

Nella sua prima stagione di Formula 1 la Zakspeed ha preso parte unicamente alle gare europee, ma dal 1986 si è impegnata in tutte le prove del campionato, affidando le sue vetture a Palmer e Rothengatter. I risultati, però, sono stati tutt'altro che esaltanti, con un motore potente, ma non altrettanto affidabile.

Nel 1987 sono arrivati i primi punti iridati, che hanno ridato entusiasmo al patron del team e allo sponsor.

La scorsa stagione, con Piercarlo Ghinzani e il debuttante Schneider al volante, la Zakspeed ha profondamente deluso, tanto che la West appariva intenzionata ad abbandonare la squadra. Poi Zakowski ha raggiunto un importante accordo con Gustav Brunner, il geniale tecnico austriaco, che, abbandonata la Ferrari, ha permesso alla di Rial di partecipare dignitosamente al mondiale, nonostante un budget assai ridotto.

La West, con la garanzia Brunner, ha così deciso di insistere, ma l'89 per la Zakspeed sarà un anno decisivo, senza appelli.

Più che dell'88 per questa squadra sarebbe meglio parlare subito del roseo futuro che sembra aspettarla.

Una stagione più di insoddisfazioni che di risultati positivi. Un motore turbo che ha penalizzato spesso le possibili prestazioni di Ghinzani e quelle in crescendo di Schneider.

Le qualificazioni hanno rappresentato un ostacolo insormontabile in molti Gran Premi.

Erik Zakowski si è dato molto da fare, con passione e serietà, ma quest'anno mischiato tra turbo ed aspirato, con una schiera di aspirati competitivi, ha impedito ai turbo non competitivi invece di sfruttare la teorica maggiore potenza, ma minore progressione ed agilità.

Il problema è stato, in realtà, complesso. Motore e telaio non hanno mai trovato una vera personalità. E la mossa Zakspeed di catturare l'Ing. Brunner, strappandolo alla Rial, sembra essere stata una carta vincente.

Tutti infatti parlano molto bene della squadra, nonostante i problemi dell'88, perchè già pensano alla vettura che il nuovo staff tecnico riuscirà a progettare, ed al motore Toyota che potrà rappresentare l'outsider tecnico del prossimo campionato.

Nonostante i guai vissuti gran premio dopo gran premio, non c'è mai stata sensazione di tensione nei box Zakspeed.

Clima relativamente sereno. Nessun punto mondiale, la preoccupazione delle eventuali pre-qualifiche l'anno prossimo rappresentano la preoccupazione maggiore, più delle nuove progettazioni.

Eric Zakowski's luck was with him when he escaped from Poland into Germany. He became a German citizen and a racing car mechanic.

But he apparently still had the emigration bug, because he went to America to see what opportunities there were for him there. As luck would have it, Ford gave him the job of looking after the cars for the popular IMSA championship event.

Eric was a man who had an indomitable spirit of adventure and, also, a fond dream: the Formula 1.

So, in 1984 he started working to make this ambitious dream come true. The result was a completely German car - from body to engine - just as Ferrari had done with his completely Italian car.

The Zakspeed Formula 1 made its first turns on the track with the drivers Klaus Ludwig - an endurance race specialist - and Manfred Winchelhock. The Zakspeed's color was silver, which was reminiscent of the Mercedes with Fangio and Moss.

When the Zakspeed made its debut in the 1985 Portugal Gran Prix it had the West's white and red colors.

For its first Formula 1 season, the Zakspeed only raced in European events. Beginning with 1986, however, Palmer and Rothengatter drove the Zakspeed in all the championship events. Although the Zakspeed had a powerful engine, it was not very reliable, and this was shown by its rather mediocre results.

In 1987, it began winning its first races, and the team patron and the sponsor got their enthusiasm back.

Last season, the Zakspeed's performance - with the drivers Piercarlo Ghinzani and Schneider, a rookie - was so profoundly disappointing that it looked like West was going to give up on the team. Then, Zakowski came to an important agreement with Gustav Brunner, the Austrian automotive genius who had left Ferrari. This permitted Rial to participate in the championship events with dignity, notwithstanding the small budget.

So with West having the guarantee represented by Brunner, it decided to give it another whirl, but if the Zakspeed does not make a good showing in '89, that will settle it for once and for all.

Rather than talk about '88 where this team is concerned, it would be better to skip it and talk about the rosy future outlook that's expected for the team. The '88 season had more disappointments than joys, unfortunately.

The turbo engine wasn't much help to Ghinzani's performance when he really needed it, and Scherder's performance - which has been improving steadily of late - was even penalized by it on several occasions. The qualifications represented an insurmountable obstacle in many of the Gran Prix races.

Erik Zakowski put everything he had into it - all his passion and seriousness - but this year's mix of turbos and non-turbos, which included an impessive line-up of competitive non-turbos, made it tough for the non-competitive turbos to take full advantage of their theoretically greater horsepower, and their relative lack of smoothly-available horsepower and lack of agility proved to be drawbacks.

The problem, however, rather concerned the car as a whole. The engine and the frame have never been able integrate to provide the car with a definite personality. Zakspeed's grabbing Ing. Brunner away from Rial appears to have been a very wise move. In fact, nothwithstanding the tough luck in '88, one hears nothing but good things about the team, because of the results expected from the new engineering staff, and the Toyota engine that could prove to be next season's technical dark horse.

Despite the trouble Zakspeed's been having race after race in the Grand Prix events, there's never been the feeling of any tension in the pits. They all seem to be relatively cool and collected. Not having made any points in the camphionship series, their biggest concern for next season will be the eventual prequalifying events, rather than the new car designs.

MCLAREN

Il 2 giugno del 1970, sulla pista di Goodwood, Bruce McLaren, mentre sta provando una delle sue vetture, vola fuori strada. L'incidente è mortale e con la scomparsa del coraggioso pilota-costruttore sembra che debba dissolversi il frutto del suo lavoro, la squadra che porta il suo nome.

A soli 21 anni Bruce McLaren era partito per l'Europa dalla Nuova Zelanda a caccia di fortuna. A spianargli la strada è Jack Brabham e, nel '59, anno del suo debutto in Formula 1, vince subito a Sebring con una Cooper.

In tutta la sua carriera McLaren disputerà 101 Gran Premi, per un totale di 190 punti. Ma i successi come pilota non gli sono sufficienti, vuole imitare il suo amico e mentore, che ha saputo brillantemente trasformarsi in pilota-costruttore, aprendo una nuova era nella storia delle corse.

In Formula 1 la McLaren debutta nel 1966, ma la squadra si era già fatto un nome dominando nella Tasmania Cup. Inoltre, dal '67 al '71, le macchine arancioni di Bruce McLaren erano state le dominatrici della Can-Am, un campionato allora assai popolare, che garantiva a piloti e costruttori guadagni enormi.

La McLaren Racing Ltd., questa la denominazione originale del team, era destinata a sopravvivere non solo al suo fondatore, ma a diventare, in breve, protagonista in Formula 1. A salvarla furono Pat, la vedova del pilota, e Teddy Mayer, un avvocato americano che aveva preferito gli autodromi alle aule dei tribunali.

Il decisivo salto di qualità avviene nel '73, quando la McLaren raggiunge un ricco accordo di sponsorizzazione con la Marlboro. L'anno successivo era quello del primo titolo con Emerson Fittipaldi, bissato nel '76 da James Hunt.

All'inizio degli anni 80, il team cambiava proprietà. Ad impadronirsene era un ex meccanico dalle idee lungimiranti, Ron Dennis. Cambiato il nome alla squadra in McLaren International, raggiungeva interessanti accordi con la Marlboro, con l'uomo d'affari arabo Ojieh e con la Porsche. Era l'inizio di un grande ciclo, dei titoli mondiali a ripetizione con Lauda e Prost. L'ingaggio di Senna, la collaborazione con la Honda, l'ultima trionfale stagione, per il momento, appartengono ancora alla cronaca.

Alain Prost number 11, and Aryton Senna number 12.

Good! The new numbers are already being worked out; they will either be 1 and 2 or 2 and 1.

There's nobody that doesn't know about the Marlboro-McLaren-Honda. As a matter of fact, since there were hardly any doubts throughout the whole season, and the outcome was even taken for granted right after the first few Grand Prix races had been run, people began looking for things that were not officially there. In particular, there was not only the personal rivalry between the two drivers as regarded who was to be the winner of the championship, but there was also the computerized performance of the engines of the two McLarens which were being managed by the men in the pits in such a way as to keep the final outcome of the championship competition "open" right to the very end.

This was the team's most outstanding year in all of its history. Had it not been for the error at Monza in favour of the two Ferraris, the McLaren would have racked up an absolute, all-time Formula 1 record: 16 races, 16 wins.

Gordan Munay very effectively replaced Barnard. Steve Nichols continued with the engineering design and all of his decisions turned out to be winners. Ron Dennis managed the team with an iron hand, as usual, and was naturally very satisfied with himself for being able to make his two prima donnas toe the line.

They were not very sure of themselves at the Estoril track in Portugal, however, where the whole world watched the event on TV and could plainly see that it's one thing to have help from the pits and quite another to be out there in the cockpit all by yourself. Senna and Prost needed a little pressure put on them, and Dennis took care of that.

When you have a winning team you stick with it. The rules have been changed, so that means changing the car and the engine. But even as of right now, it can be said that the Marlboro-McLaren-Honda for '89 will be the car to beat, and it may even turn out that there will be a lot of very tough trying going on just to keep in its slipstream.

It was the 2nd of June, 1970, the Goodwood racetrack, and Bruce McLaren was testing one of his cars. All of a sudden, his car flies off the road. It is a horrible accident, and the life of the fearless racing-car driver and builder is abruptly snuffed out. At the time, it looked like that was also the end of what he had built up, as well as the team that bore his name.

Bruce McLaren had left New Zealand at the young age of 21, to find his fortune in Europe. Jack Brabham gave him a hand and, in '59, Bruce made his Formula 1 debut; and soon afterwards, he won at Sebring in a Cooper.

During his entire career, Bruce McLaren participated in 101 Grand Prix events and racked up a total of 190 points. Just being an oustanding driver, however, was not enough for him. He wanted to be like his mentor and friend; he wanted to also build racing cars, which he did brilliantly, thus opening up a whole new chapter of racing history.

The McLaren Formula 1 car made its debut in 1966. The team, however, had already made a name for itself by dominating the Tasmania Cup. Furthermore, between '67 and '71, Bruce McLaren's orange-colored vehicles dominated the Cam-Am event - a very popular championship race that gave enormous cash prizes to both the drivers and the builders.

The original team name was McLaren Racing Ltd. Not only did this name survive after the founder's death, but it soon became the leading team in the Formula 1 category. The team was saved by Pat, Bruce's widow, and Teddy Mayer, an American lawyer who preferred racetracks to court rooms.

McLaren made a big jump in quality in '73, when it signed a contract with Marlboro. The following year, McLaren won its first world championship title with Emerson Fittipaldi driving. And in 1976 McLaren did it again with James Hunt driving.

At the beginning of the '80s, the McLaren team was bought by Ron Dennis - a former mechanic with long-range plans - and the team's name became McLaren International. Interesting agreements were signed with Marlboro, the Porsche Company and an Arabic businessman, Mr. Ojieh. This was the beginning of a great series of world titles with the drivers Lauda and Prost. For the moment, Senna is driving for McLaren, Honda is collaborating with McLaren, and this season's title is about to go to McLaren.

Numero 11 Alain Prost, numero 12 Ayrton Senna. Bene, già si stanno preparando i nuovi numeri 1 e 2, o 2 e 1 che siano. Tutti sanno tutto di questa Marlboro-McLaren-Honda. Anzi, poiché durante l'anno tutto era evidente, ed in ogni caso, dopo i primi gran premi, scontato, si è cominciato a cercare anche quello che ufficialmente non c'era. In particolare la rivalità Prost-Senna, non solo agonistica e la gestione computerizzata dai box delle prestazioni dei motori della 2 McLaren in pista per tenere "aperto" un campionato fino alla fine.

La squadra ha vissuto l'annata migliore della sua storia; solamente l'errore di Monza a favore del duo Ferrari, ha impedito il probabile conseguimento di un record unico ed irripetibile in Formula 1: 16 vittorie su 16 gare.

Gordon Murray ha rimpiazzato Barnard in modo efficace. Steve Nichols ha continuato la sua progettazione con scelte vincenti. Ron Dennis ha gestito al solito la squadra con polso duro, compiaciuto naturalmente della sua superiorità e di poter dimostrare come sa egregiamente manovrare i suoi due campioni. E' un po' barcollato in Portogallo, all'Estoril, dove tutto il mondo (collegamenti TV) ha potuto vedere chiaramente che un conto è parlare ai box ed un conto è essere soli poi nel proprio abitacolo. Senna e Prost avevano bisogno di un giro di vite e sembra che Dennis l'avesse dato.

Squadra vincente non si cambia; si cambia macchina e motore perché cambia il regolamento; ma già da oggi si può dire che la Marlboro McLaren Honda 89 sarà la macchina da battere; anzi "drammaticamente" sarà la macchina a cui sperare di rimanere almeno in scia.

La nazionalità di questa squadra minore è, senza alcun dubbio, francese, ma i suoi primi passi in Formula 1 li ha compiuti grazie ad appoggi italiani.

Il debutto, avvenuto nel Gran Premio d'Italia del 1986, si deve essenzialmente alla spinta del Jolly Club di Roberto Angiolini, scuderia prestigiosa nel settore dei rallies.

È stato poi uno sponsor sempre italiano, El Charro, linea d'abbigliamento per giovani, a finanziare munificamente la prima, vera stagione in Formula 1 del team di Gonfaron.

I primi collaudi della vettura sono stati svolti nell'estate dell'86 dal compianto Didier Pironi, mentre a portarla alla prima esibizione è Ivan Capelli. La monoposto, che in molti particolari ricorda l'ultima versione della Renault, non delude, come nel bis concesso nel successivo Gran Premio del Portogallo.

Nell'87 la vettura viene affidata al pilota francese Pascal Fabre, ragazzo di belle speranze, che vanta esperienza soltanto in Formula 3000. Sarà proprio la scarsa esperienza di Fabre a penalizzare una macchina che non è proprio da buttare via.

Nelle ultime gare della stagione, appiedato il francese, l'AGS ingaggia il brasiliano Roberto Moreno, il quale, proprio nel Gran Premio conclusivo, quello d'Australia, conquista il primo punto iridato per la squadra transalpina.

Il terzo posto nel Trofeo Chapman, riservato alle vetture con motore aspirato, è l'altro traguardo raggiunto dal team in un'annata in cui era importante prendere contatto con un ambiente tecnologicamente avanzato come quello della Formula 1.

Neppure la stagione appena conclusa ha riservato all'AGS particolari soddisfazioni. Nel complesso un anno da dimenticare, per le difficoltà economiche cui la squadra è andata incontro dopo che El Charro ha battuto altre strade e soprattutto per la scelta non certo indovinata del pilota cui affidare la vettura.

Non è stato, infatti, confermato l'ottimo Moreno, preferendogli il francese Philippe Streiff, che nel prosieguo della sua carriera, non ha confermato quanto di buono aveva intravedere ai primi passi in Formula 3.

E' partita come la rivelazione.
Philippe Streiff si è subito dimostrato competitivo, meravigliando per i tempi che riusciva a piazzare, pensando alla semplicità della squadra ed ai modesti mezzi disponibili.
L'AGS però si è fermata senza migliorarsi.
Ed è un peccato pensare che Streiff non possa più dimostrare il suo valore, almeno ad armi pari con le squadre aspirate.
Lo smembramento poi di tecnici e direzione subito ad opera della Coloni a metà stagione, ha compromesso ancora di più la possibilità di evoluzione.
Streiff ha ottenuto forse quello che cercava: dimostrare di essere un pilota veloce; la squadra invece, che sembrava poter addirittura essere palpabile per il motore Renault insieme con la Williams, è, al contrario, un po' crollata.

This minor team is without doubt French, but its first Formula 1 experience was made possible by the help obtained from the Italians.

Its debut was in the Italian Grand Prix, which was made possible by Roberto Angiolini's Jolly Club, the prestigious ralley-racing group.

The Ganfaron team's first real Formula 1 season was made possible by the munificent financial backing of another Italian sponsor: EL Charo, a manufacturer of clothes for young people.

The test runs were made in '86 by the popular and now-deceased Didier Pironi, while the driver in the vehicle's first exhibition was Ivan Capelli. In many ways, this single-seater was reminiscent of the last version of the Renault; and it performed well, as demonstrated by its having been permitted to participate in the Grand Prix of Portugal that followed.

In 1987, Pascal Fabre - a French driver that showed promise - was chosen to drive the car. His only previous experience was with the Formula 3000, and this is why the best performance was not obtained from this really quite valid racing vehicle.

In the last few races of the season, the French driver was replaced by the Brazilian Roberto Moreno, who won AGS's first world championship point in the last race of the season: the Australian Grand Prix.

This was a very important year for making contact with the technologically-advanced Formula 1 environment; and in the Chapman Trophy event - for non-supercharged vehicles only - AGS achieved another goal by coming in third.

This last season was also rather disappointing for AGS. Altogether, this last year was really quite disappointing, what with the team having to face financial difficulties because of El Charo's decision to divert its interests to other channels, and especially because of the poor choice of driver for the vehicle.

In fact, Moreno - a very good driver - was replaced by the French driver Philippe Streiff, whose promise as a beginning Formula 3 driver did not materialize as his career progressed.

When AGS made its first appearance, it seemed a bona-fide revelation.

Right off the bat, Philippe Streiff demonstrated his competitiveness, and everybody was impressed by the track speeds, team simplicity and low operating budget.

But the AGS did not go on to improve.

It's too bad Streiff can no longer demonstrate what he's really able to do, at least on an equal footing against the non-turbo teams.

Colom's dismantling of the engineers and managers half-way through the season, furthermore, made any possible evolution even less likely.

Perhaps Strieff was at least able to prove what he wanted to prove: that he was a fast driver. The team, on the other hand, instead of being able to fulfill the expectations created by having the Williams with the Renault engine, was a disappointment.

Ha fatto il suo debutto nel mondiale soltanto nel 1970 e anche il suo albo d'oro non è fra i più ricchi, con appena tre vittorie ottenute: la prima, in Spagna nell'anno dell'esordio, la seconda in Austria nel '75 e la terza in Italia nel '76. Eppure la March è entrata di diritto nella recente storia delle corse.

Nacque la March per volontà di un gruppo di amici, in cui spiccavano Max Mosley per le sue capacità organizzative e Robin Herd per il suo talento tecnico.

Sembrava dover recitare un ruolo da protagonista in Formula 1, ma così non sarebbe stato, tanto è vero che dopo il successo conquistato da Jackie Stewart nel Gran Premio di Spagna del 1970 sarebbe dovuto trascorrere un lustro prima di rivedere una March vittoriosa. A condurla al successo, a Zeltweg, sotto una pioggia battente, fu il coraggioso Vittorio Brambilla. E l'anno successivo sarebbe toccato a Ronnie Peterson regalare alla March la sua ultima vittoria in un Gran Premio, trionfando sulla pista di Monza.

Alla fine di un mediocre '77 Robin Herd divenne l'unico titolare della March, in quanto Mosley aveva preferito affiancare Bernie Ecclestone, in qualità di consulente legale, nella gestione della Foca.

Herd, ottimo ingegnere, ma anche ottimo uomo d'affari, decise di lasciare la Formula 1 per dedicarsi alla Formula 2, alla Formula 3 e alla Formula Indy, trasformando la piccola factory di Bicester in una vera e propria industria della velocità. Da ricordare di questo periodo soprattutto le affermazioni, quattro per la precisione, ottenute nella mitica 500 Miglia di Indianapolis.

La March è ritornata in Formula 1 soltanto nel 1987 grazie alla spinta della Leyton House, sponsor giapponese che ha creduto nella potenzialità di questa squadra, ma soprattutto nelle doti di Ivan Capelli, il pilota che aveva ritenuto di appoggiare e che tanta parte ha avuto nel far riapparire il team di Robin Herd in Formula 1.

Dopo una stagione affrontata con un solo pilota, Capelli appunto, la March ha deciso di affiancare l'italiano con il pilota brasiliano Mauricio Gugelmin e non sono mancate le prime, significative soddisfazioni.

Ecco un'altra squadra che ha assolto ai compiti che si era prefissa quest'anno. Anzi, ad un certo punto sembrava che Robin Herd, progettista e manager alla lontana dell'azienda March avesse dei tentennamenti sul futuro March in Formula 1.

Un po' di concentrazione e di evoluzione tecnica hanno permesso a questa media scuderia inglese di diventare particolarmente competitiva da metà stagione in poi.

Squadra tranquilla, rilassata, senza tensioni di risultati e verifica. Merito un po' di tutti: lo sponsor Leyton House che si diverte ad essere in F.1, i dirigenti con il nostro Gariboldi in primo piano, che non hanno mai assunto atteggiamenti criticabili, i due piloti, Ivan Capelli e Mauricio Gugelmin che, in pista ed ai boxes, hanno sempre tirato e mai si sono lamentati di competività e favoritismi.

Tutti e due giovani, del 1963 cioé 25 anni, stanno raccogliendo bene quanto hanno seminato.

La March può essere la sorpresa dell'89. Ma già lo è stata nell'88. Capelli è 8° nel mondiale, Gugelmin 11°, la squadra è 5ª tra i costruttori, la vettura è in crescendo. Il motore Judd ha trovato maggiori soddisfazioni (e minori problemi) che presso gli altri come Williams e Ligier.

Si sta lavorando per l'89, per permettere soprattutto a Capelli, di raccogliere il frutto della sua maturità sportiva. Ivan è giovane, ma ha tanta esperienza sulle spalle; vuole iniziare l'89 in linea con la competività dimostrata nel finale di quest'anno. E' un team flessibile, agile, armonico. A tutto si trova una spiegazione ed una soluzione, sia ai problemi tecnici che a quelli umani.

Although the March made its debut back in 1970, it has not logged anything that could be called exceptional. It has won only three races. It won its first race in Spain, when it made its debut, its second race in Austria in '75, and its last one in Italy in '76. Notwithstanding this meager performance, the March has nonetheless made its mark in recent racing history.

The March was founded by a group of friends which included Max Mosley, an excellent organizer, and Robin Herd, a talented technician.

With Jackie Stewart's victory in the Spanish Grand Prix in 1970, it seemed as though the March was to be a Formula 1 protagonist, but nothing like this materialized. In fact, 5 years had to go by before the March had another win. This victory was obtained in a very wet race at Zeltweg, with the audacious Vittorio Brambilla at the wheel. And, then, the next year, 1976, Ronnie Peterson gave the March its final Grand Prix victory at Monza.

At the end of a mediocre year, 1977, Robin Herd became the only March owner, because Mosley decided to become Bernie Ecclestone's legal adviser in the running of Foca.

Herd was not only a fine engineer, but also a shrewd businessman. He transformed the small Bicester factory into a veritable speed industry, gave up the Formula 1, and dedicated himself to the Formula 2, Formula 3, and the Indy Formula. It is especially worth mentioning the 4 victories obtained during this period, all in the legendary Indianapolis 500 mile race.

The March got back into the Formula 1 scene in 1987, thanks to Leyton House - the Japanese sponsor that had faith in the potential of this team - and also because of Ivan Capelli, the talented driver that it had chosen and which had played such an important part in the return of Robin Herd's team to the Formula 1.

After going through a season with just one driver - Capelli - March decided to team Capelli with the Brazilian driver Mauricio Gugelmin, which produced the first significant results.

This is another one of the teams that fulfilled the objectives it had set for itself this year. However, at a certain point, the designer and manager, Robin Herd, and the March company seemed poles apart. In fact, Herd was entertaining serious doubts as to the future of the March in the Formula 1.

But half-way through the season - whit a little concentration and technical evolution - this average English team was able to become, and continue to be, quite competitive.

The team was cool and relaxed, without undue excitment as regarded the results and verifications. The credit for this was shared by all: the sponsor, Leyton House, who gets a kick out of being in the F1 game; the managers, whit our Garibaldi getting the spotlight, all of whom never had any adverse criticism to make; and the drivers Ivan Capelli and Maricio Gugelmin, who always gave their best - both on the track and in the pits - and never complained about competitiveness or favoritism. These two young drivers - both 25 years old - are reaping all the good they have sown.

The March could be a surprise in '89, just as it was in '88. Capelli is 8th and Gugelmin 11th in the world series, the team is 5th among the builders, and the car is on the up-swing. The performance of the Judd engine has better met the expectations (and given fewer problems) than it has with others, such as the Williams and Ligier.

The aim for '89 is to especially make Capelli's gained racing experience pay off. Although he's young, Ivan has logged a lot of experience. He wants to start off in '89 with the kind of competitiveness he was demonstrating at the end of this year. The team is versatile, agile and well integrated; all the technical as well as human problems are discussed, explained and solved.

ARROWS

È nata, la Arrows, da una costola della Shadow, quando nell'inverno del 1977 Jack Oliver e Alan Rees decisero di sciogliere il loro sodalizio con Don Nichols, maggiore azionista del team anglo-americano.

I primi, non facili passi della nuova scuderia furono agevolati da un discusso uomo d'affari, il napoletano Franco Ambrosio, ma in breve tempo il team trovò un valido sponsor nella birra Warsteiner.

Come pilota venne prescelto il giovane Riccardo Patrese, che proprio con la Shadow aveva fatto il suo debutto in Formula 1.

Quel 1978 fu particolarmente interessante, con Patrese che sfiorò il successo in Sudafrica e poi si piazzò secondo in Svezia alle spalle di Niki Lauda.

La stagione successiva, a Patrese venne affiancato Jochen Mass, ma i risultati non furono pari alle aspettative, come poi nell'80, se si esclude un bel secondo posto, sempre ottenuto da Patrese, sull'insidiosa pista cittadina di Long Beach.

Ben più promettente sarebbe stato l'inizio dell'81, con Patrese in pole position a Long Beach, terzo in Brasile e secondo ad Imola. Purtroppo la restante parte della stagione avrebbe riservato al team soltanto amarezze e così alla fine dell'anno Patrese preferì accettare le proposte della Brabham.

Ancora delusioni nell'82, con le vetture affidate a Marc Surer e Mauro Baldi, per non parlare di un '83 sempre in tono minore, in cui la scuderia raccolse soltanto quattro punti nella classifica finale del campionato.

Dall'84, la Arrows può disporre del motore BMW turbo, ma il propulsore tedesco non eccelle quanto ad affidabilità e i ritiri sono la costante della stagione.

Piccola riscossa dell'85 con Boutsen che conquista il podio ad Imola e Berger che si segnala per i discreti piazzamenti nel finale di stagione.

Dopo un anonimo '86, la situazione della Arrows cambia totalmente con l'ingresso prima come sponsor, poi come azionista, della società finanziaria americana USF&G.

Nonostante i mezzi consistenti, la Arrows si è dovuta accontentare soltanto di dignitosi piazzamenti, penalizzata da un motore il Megatron turbo, vale a dire il vecchio BMW, dalla discreta potenza, ma assai dispendioso in fatto di consumi. Eddie Cheever e Derek Warwick, i piloti del team nelle due ultime stagioni, non hanno perciò avuto modo di mettersi in mostra.

Una squadra che sapeva di partire con difficoltà all'inizio di questa stagione mondiale. Motore Megatron, ex-BMW, di grande consumo e con erogazione brusca della potenza; telaio ed aereodinamica difficili da gestire. Un punto di forza era certamente la scelta dei due piloti; Warwick e Cheever. Preparati, esperti, ottimi collaudatori entrambi, ma capaci di sfornare grinta e competività in ogni circostanza.

Poi la squadra si è resa conto che poteva valere di più di quanto aveva previsto, ed ha reagito molto bene.

Più che i singoli risultati vale la pena sottolineare il settimo posto in classifica mondiale di Warwick e l'undicesimo di Cheever. E poi il quarto nella classifica costruttori dietro McLaren, Ferrari e Benetton.

La squadra di fatto si è sempre presentata pulita e ben preparata; legata ad un motore turbo di non semplice gestione, ha perso sempre molto tempo ed energie nella sua messa a punto, sacrificando a volte la preparazione ed evoluzione della vettura.

Di questo si sono anche lamentati spesso i piloti; ora c'è la svolta '89; motore aspirato, allineamento con la concorrenza generale, pista lenta o veloce che sia.

E' una squadra alla Tyrrell per intenderci; la Formula 1 rappresenta una attività imprenditoriale, prima che uno sport.

I risultati sono visti soprattutto come valorizzazione economica degli sforzi ed investimenti fatti. E logicamente il conto economico della gestione rappresenta una importante preoccupazione dei responsabili della scuderia.

Arrows was created from one of Shadow's ribs in the winter of 1977 when Jack Oliver and Alan Rees decided to break away from Don Nichols, the major stockholder of the Anglo-American team.

A Neopolitan businessman of considerable notoriety, Franco Ambrosio helped the new team during their first few difficult months, but within a short time they found a good sponsor: Warsteiner Beer.

That year, 1978, was a particularly interesting one where Patrese had a slight success in South Africa and then took second place in Sweden behind Niki Lauda.

The next season, Patrese was teamed up with Jochen Mass, but aside from Patrese's nice second place on the treacherous Long Beach track, the obtained results for '79 and '80 fell short of what was expected.

The '81 season started off a lot better with Patrese in the pole position at Long Beach, a third place in Brazil, and a second place at Imola. The rest of the season, however, was so bad that - at the end of the year - Patrese decided to accept Brabham's offer.

With Marc Surer and Mauro Baldi driving, the '82 season was also one disappointment after the other, and the '83 season was even worse, with the team only earning 4 points in the final championship classification.

Arrows had the BMW turbo engine in '84, but the German engine was not reliable, and the season was characterized by a series of forced drop-outs.

Arrows had a small comeback in '85, with Boutsen winning at Imola and Berger placing rather well in the final part of the season.

After a grey '86 season, Arrows was completely renovated when it was first sponsored and then taken over by the American USF&G financing company.

Although the cars performed fairly consistently, it was nothing outstanding. This lack of better performance was due to the rather high-powered but fuel-guzzling Megatron turbo engine (the old BMW). The drivers for the last two seasons therefore - Eddie Cheever and Derek Warwick - were not able to distinguish themselves.

This team knew it was starting this world series season with some problems. The ex-BMW Megatron engine was a guzzler and had uneven power delivery, and the frame and aerodynamics were hard to manage. The big pluses were, without doubt, the drivers - Warwick and Cheevers - who are both well-prepared, expert and 1st-class test-drivers, and can also call upon a storehouse of grit and competitiveness in any situation.

Then, realizing they had more to give than they had expected, the team went all out and did quite well. Instead of mentioning the various individual results, it is well worth underlining Warrick's 7th place in the world classification and Cheever's 11th place, together with the builder's 4th place after the McLaren, the Ferrari and the Benetton.

Actually, the team is very efficient and well-prepared, but being tied to the turbo engine - which is not easy to manage - they have always wasted a lot of time and energy tuning it, thus sometimes sacrificing the preparation and evolution of the car.

The drivers have certainly complained about this, but in '89 it will all be non-turbos, and they will be going back to the more generally-under-stood principles that can be applied to any track, be it fast or slow. In other words, it's a Tyrrell-type team. The Formula 1 game is more of an exercise in entrepreneurship than it is a sport. Above all, the obtained results are evaluated in terms of the return realized on the investment made. And, of course, the team owner's primary concern is whether he's going to make or lose money in the end.

BENETTON

"La velocità è comunicazione'', con questo slogan Davide Paolini, amministratore delegato della Benetton Formula, presentò la giovane squadra anglo-italiana al via del campionato del mondo 1986.

Dopo un approccio come sponsor, prima con la Tyrrell, poi con l'Alfa Romeo, la Benetton ha inaugurato una nuova strada in Formula 1, trasformandosi in proprietaria di team.

L'opportunità gli è stata offerta dalla crisi in cui è piombata la Toleman, una squadra creata dall'eccentrico miliardario Ted Toleman.

Nel 1985, per una cifra decisamente abbordabile, la Benetton acquistò la Toleman e, mossa intelligente, nulla cambiò del management, lasciando ai loro posti il direttore tecnico Rory Byrne e quello sportivo Peter Collins.

Non fu un'annata particolarmente brillante, ma, comunque, erano state poste le basi per salire in alto.

Il decisivo salto di qualità viene compiuto la stagione successiva, Byrne realizza un'ottima macchina, mentre a Teo Fabi viene affiancato Gerhard Berger, una decisione non approvata da una parte della critica che arriva a scrivere deliranti indiscrezioni: il pilota austriaco è stato ingaggiato perché imposto dalla BMW, fornitrice di motori del team.

I risultati sono pari alle attese di Luciano Benetton e dei suoi fratelli, autentici sportivi, da anni presenti con il marchio della loro azienda nel rugby e nel basket.

Partito Berger alla volta di Maranello, nell'87 la Benetton schiera ancora Fabi, con Thierry Boutsen al suo fianco. Le premesse sono buone, ma la stagione si trascina su di un livello non certo esaltante. Alla fine a pagare per tutti è Teo Fabi, che torna a correre negli Stati Uniti.

La Benetton, che ha sempre rivelato una mano felice nella scelta dei piloti, decide di confermare Boutsen, mentre il posto lasciato libero da Fabi viene assegnato ad Alessandro Nannini, più noto, fino ad allora, come fratello della rockstar Gianna. Ma, ancora una volta, Davide Paolini ha visto giusto, con un Nannini che, in breve, diventa un autentico personaggio, grazie al suo talento e alla sua istintiva simpatia.

La squadra dell'anno. Lasciando da parte la McLaren. Grandi risultati, valorizzazione dei piloti, prestazioni spettacolari, resa incredibile allo sponsor-proprietario. Conferma che la Formula 1 è veicolo pubblicitario-promozionale insostituibile.

Telaio sofisticato ma efficiente, con una aerodinamica all'avanguardia, un po' come quella March; qualche problema nella parte sospensioni, di difficile messa a punto per ambedue i piloti. Vettura in ogni caso affidabile visti i risultati.

I due piloti, di estrazione molto diversa, hanno dato e raccolto soddisfazioni. Boutsen grande collaudatore, ha sempre centrato ottimi tempi in prova e tanti podi sotto la bandiera a scacchi, senza bisogno di dare spettacolo; 5 terzi posti, un quarto, due sesti con un aspirato, gli hanno permesso di lottare in classifica mondiale con la Ferrari di Alboreto.

Alessandro Nannini, rivelazione 87 presso Minardi, star dell'88. Un pilota finalmente fuori dai canoni tradizionali del campione. Aria superficiale, scanzonata, divertita. Anche in macchina. Ancora forse in caccia di esperienza e maggiore capacità di concentrazione; Alessandro dovrà dare la conferma finale nell'89: primo pilota Benetton, un giovane inesperto Herbert al suo fianco.

Nannini avrà peso di prove e gare sulle sue spalle. Boutsen è partito per la Williams, ed Herbert non sarà certo considerato un termine di paragone. Tutta la squadra lo sa, progettista, direttore sportivo, famiglia Benetton.

Un peso quindi sul casco di Nannini; a vederlo non sembra sembrarne molto preoccupato, ma la verifica effettivamente ci sarà.

In 1986, Davide Paolini - managing director of the Benetton Formula - presented the young Anglo-Italian team with the slogan: "Speed is communication".

After a preliminary approach as a sponsor - first, with Tyrrell, then with Alfa Romeo - Benetton inaugurated a new road in the Formula 1 by becoming the owner of a team.

This opportunity was made available to Benetton by the crisis in which the Toleman team found itself; this team had been created by the eccentric millionaire, Ted Toleman.

In 1985, Benetton bought the Toleman team at a price it could easily afford, and wisely retained the same technical and sports directors, Rory Byrne and Peter Collins, respectively.

It was not an exceptional year for Benetton, but the foundation had been laid for making progress upward.

Benetton made a definite jump in quality the following season with Byrne constructing an excellent car, and with Gerhard Berger being hired to team up with Teo Fabi. This move was not approved by many critics, some of which went so far as to write that the Austrian driver was hired as the result of pressure brought to bear by BMW, who supplied the engines for the team.

Luciano Benetton and his brothers - who are true sports enthusiasts and have, for years, sponsored rugby and basketball events - found the obtained results up to what they had expected.

In 1987, with Berger having gone over to Ferrari, Benetton put Theirry Boutsen on the payroll to team up with Fabi. Although there was every reason to have expected good results, the season turned out to be just so-so for Benetton, and Teo Fabi took the blame for everybody, quit, and went back to racing in the U.S.

Benetton has always shown good judgment in selecting its drivers. With Fabi gone, it hired Alessandro Nannini, who was much better known as the brother of Gianna Nannini, a rock-star. Davide Paolini's judgment, however, proved right; within a very short time, Nannini became an authentic personnage, thanks to his racing talent and his instinctive public appeal.

Excluding the McLaren, this was the team of the year, with its great overall results, the drivers giving their best, the spectacular performance, and the big returns for the sponsor-owner, thus once again confirming that the Formula 1 is a publicity-promotional vehicle that has no equal.

A car's frame was sophisticated but efficient, and it had avant-garde aerodynamics, somewhat like that of the March. There were some problems with the suspension system, which both drivers had trouble adjusting properly. In any case, judging from the results, it's a reliable vehicle.

The two drivers, of widely-differing nationalities, got and gave satisfaction. Boutsen is a great test-driver and has always obtained good track times on the test runs. He's also made several good showings at the finish line without being spectacular about it, like, for example, his five 3rd places, one 4th place and two 6th places with his non-turbo, which permitted him to compete for the world classification along with Alboreto and his Ferrari.

Alessandro Nannini - the '87 Minardi star - was this season's revelation, and we at last have a driver who doesn't fit the traditional champion image. He has a free and easy, rather superficial and light-hearted air about him, even when he's driving. Maybe he's still trying to get more experience and increase his powers of concentration. Alessandro will have to give confirmation of this in '89, when he'll be Benetton's No. 1 driver with an inexperienced Herbert as his teammate. Nannini will have to bear the full load of both the trials and the race. Boutsen went over to the Williams camp, and Herbert certainly won't be able to fill his shoes. The whole team is well aware of this, including the designer, the manager and the Benetton family. So, Nannini's got to keep the whole shooting match together by himself. He doesn't look like he's worried about it, but one thing for sure, there's no getting around it, he's going to have to face that test.

OSELLA

Se in Formula 1 esistesse un premio per la tenacia certamente verrebbe assegnato ad Enzo Osella, che, da due lustri, partecipa coraggiosamente al campionato del mondo.

Afflitta da una cronica mancanza di mezzi economici, la Osella è sempre riuscita a presentarsi in pista con una certa dignità, consapevole di avere fatto il massimo di quanto le veniva consentito dalle magre finanze a disposizione.

Altri, al posto di Enzo Osella, avrebbero abbandonato da tempo; non il caparbio costruttore piemontese, che continua ad essere presente in Formula 1 con la speranza di ottenere risultati pari alla sua volontà, al suo impegno.

Il grande passo dopo essersi fatto un nome in Formula 2 e con le vetture Sport, Osella lo ha tentato nel 1980, affidando la sua pesante monoposto ad Eddie Cheever.

L'anno successivo la scuderia di Volpiano si ripresenta, ma i programmi sono incerti e nell'abitacolo della vettura si alternano ben quattro piloti: Guerra, Gabbiani, Ghinzani e Jarier.

Nel 1982 la squadra sembra meglio organizzata, ma al via del Gran Premio del Canada, in un drammatico incidente perde la vita Riccardo Paletti, il giovane pilota milanese che era stato affiancato al maturo Jean Pierre Jarier.

È una tragedia che sembra svuotare la squadra di ogni energia, ma il clan piemontese trova la forza per andare avanti e al termine della stagione la Osella si ritrova con i suoi primi punti iridati.

Nell'83 la Osella riesce ad ottenere i motori Alfa Romeo, ma i risultati continuano ad essere mortificanti. La stagione successiva va un po' meglio, con Ghinzani che regala quattro punti alla squadra, decima nella classifica finale del campionato.

Poi verranno altre annate negative, amarezze mitigate dalla soddisfazione di avere offerto una opportunità in Formula 1 a giovani piloti italiani di un certo talento, come Alex Caffi e Nicola Larini.

Enzo Osella è da ammirare. Porta avanti l'operazione Formula 1 indubbiamente con pochi mezzi. Ha usato un motore turbo 8 cilindri che risente della parentela Alfa; ma alla fine è sempre riuscito a fare una figura decente.

Anche merito di Nicola Larini che a soli 24 anni può essere un pilota che grandi squadre devono tenere nel mirino.

Enzo Osella ha lavorato, lottato, trepidato. Nicola Larini si è concentrato sulla messa a punto e sulla gara; non si è mai lamentato o innervosito a vedere magari colleghi più fortunati. Larini ha concluso un ottimo finale di stagione e se Osella potrà affrontare l'89 con la tranquillità e le possibilità che si merita, il suo pilota gli darà delle belle soddisfazioni.

If there were a Formula 1 award for tenacity, it would certainly go to Enzo Osella, who has been valiantly participating in all the world championship events for a decade.

Although Osella has been afflicted with financing problems, he has made as good a showing on the tracks as his meager finances have been able to permit.

Most anybody else would have dropped out of the game long ago, but this stubborn Piedmontese car builder just will not quit. He keeps in there with his Formula 1, always hoping to get the results he wants and has been striving so hard to get.

After having made a name for himself in the Formula 2 and with sports cars, he decided - 1980 - to put his heavy single-seater into Eddie Cheever's hands.

The following year, the team from Volpiano was back in there again, but with some uncertainty as regards the drivers. In fact, there were 4 drivers that took turns: Guerra, Gabbiani, Ghinzani and Jarier.

In 1982, the team seemed to be better organized, but that accident happened in Canada. Right at the start of the Canadian Grand Prix, Riccardo Paletti - the young Milanese driver that had been teamed up with the older Jean Pierre Jarier - was tragically killed in a dramatic accident.

The Piedmontese team's morale suffered a terrific blow from this tragedy; nonetheless, they found the strength to continue to give it all they had and, by the end of the season, Osella had earned its first points.

The following year, 1983 notwithstanding its having obtained the new Alfa Romeo engines, the results were still mortifying. The next season was a little better with Ghinzani earning 4 points for his team, putting it in 10th place in the final championship classification.

The subsequent years were quite negative, but the bitterness was mitigated by the knowledge that promising young Italian Formula 1 drivers like Alex Caffi and Nicola Larini were al least given a chance to participate in the Formula 1 events.

You've really got to admire Enzo Osella. He's been able to carry on with his Formula 1 operation with what is undoubtedly a very limited budget. He uses an 8 cylinder that's related to the Alfa, but he's always ended up making a fairly decent showing. Credit for this also goes to Nicola Larini, who's only 24 years old but could turn out to be a driver that the big teams will have to keep an eye on. He concentrates on both the car's tuning and the race itself, and he never complains or gets riled up when, for example, one of his collegues has all the luck. Larini has wound up the season with a good showing, and if Osella can go into the '89 season calmly and gets the breaks he deserves, his driver will give him a lot of satisfaction.

Gunther Schmidt, industriale tedesco nel settore dell'indotto automobilistico, è un uomo che ama recitare da protagonista e che ha scelto come palcoscenico quello della Formula 1.

Nel 1977 ha fondato un team, l'ATS, che portava lo stesso nome della sua fiorente azienda di cerchi per auto. La sua squadra si è subito segnalata per la accurata lavorazione della fibra di carbonio, che ha portato alla realizzazione di scocche veramente pregevoli.

Dopo avere gareggiato per un lustro con il tradizionale motore Ford Cosworth, l'ATS dal 1983 ha potuto usufruire dell'appoggio della BMW, che gli ha fornito i suoi propulsori turbo. Tanto impegno era stato però ripagato da risultati modesti, tanto che nel 1985 Schmidt decise di abbandonare la costosa attività.

Tutti coloro che hanno lavorato per l'ATS hanno indicato nel carattere mutevole e irascibile del proprietario del team il motivo principale della scarsa fortuna avuta dalla squadra tedesca.

Ma Gunther Schmidt non è uomo da arrendersi tanto facilmente e così dalla stagione appena conclusa ha deciso di tentare ancora l'avventura in Formula 1 con la Rial.

Per andare sul sicuro si è affidato ad un tecnico di sicuro valore, l'austriaco Gustav Brunner, e ad un pilota veloce ed esperto come Andrea De Cesaris.

Nonostante un budget piuttosto limitato, la Rial, nella prima fase del campionato, ha ottenuto risultati lusinghieri, largamente superiori alle aspettative.

Ancora una volta, però Schmidt è stato tradito dal suo carattere, che lo ha portato a contrasti talmente forti con Brunner da costringere l'ingegnere al divorzio. Poi si sono deteriorati anche i rapporti con Andrea De Cesaris e così anche per la Rial ha avuto inizio un periodo difficile, denso d'incognite per il futuro.

Gustav Brunner, transfuga Ferrari, ed Andrea de Cesaris sono gli unici due elementi positivi della squadra.

Brunner ha disegnato e fatto realizzare una macchina semplice, bella, efficace, veloce.

Andrea si è integrato perfettamente col suo tecnico. Ha lavorato tranquillo, con più maturità che nel passato ed è stato veloce e competitivo.

Poteva, De Cesaris, anche catturare altri punti mondiali, oltre ai 3 del quarto posto in America, a Detroit. Ma tra sfortuna e impreparazione della squadra anche alcuni risultati che sembravano acquisiti sono sfumati negli ultimi giri.

Poi Brunner, poco pagato, è passato alla Zakspeed, in agosto. La Rial non ha più nessuno con capacità ingegneristiche adeguate.

Anche se De Cesaris si è tirato su le maniche per lavorare più duro, la squadra è un po' allo sbando. Il suo futuro 89 è solo legato ai 3 punti mondiali ed al 9° posto nella classifica costruttori.

Gunther Schmidt - a german manufacturer of automotive armatures, and a man who likes being a protagonist - chose the Formula 1 as his stage.

He founded his racing team in 1977. It was called the ATS team, and was named after his flourishing wheel-rim manufacturing firm. His cars immediately drew attention because of their truly exceptional carbon-fiber bodies.

After mounting the traditional Ford Cosworth engine for 5 years, ATS - beginning with 1983 - got support from BMW, which supplied it with turbo engines. Notwithstanding all the effort put into this costly activity, the obtained results were quite scanty. So, in 1985, Schmidt decided to give it up.

All those who worked for ATS said that the main reason the German team got such poor results was because of the owner's irascibility and moody disposition.

However, with the end of the '85 season, Gunther Schmidt - a man who just cannot accept defeat - decided to give the Formula 1 another go with Rial.

To play it safe, he hired the outstanding Austrian mechanic, Gustave Grunner, and a fast expert driver: Andrea De Cesaris. Although Rial was operating on a pretty limited budget, it got good results in the first few races in the championship series. In fact, they were much better than expected.

But, Schmidt was still difficult to get along with, and this is what ruined things for him. Brunner, his engineer, left him; and shortly afterwards, Andrea De Cesaris did the same. With their leaving, Rial faced a very difficult and uncertain future.

Gustav Brunner, a fugitive from Ferrari, and Andrea De Cesaris are the only two positive elements on the team.

The car that Brunner designed and had built was simple, beautiful, efficient and fast.

Andrea got along perfectly with his mechanic. He worked calmly and with more maturity than he had in the past, and he turned out to be fast and competitive.

He could even have racked up more world championship points, besides the 3 he got for coming in 4th on the Detroit track in America, but because of bad luck, and the team not having been sufficiently prepared, he lost his grasp on some of the results he seemed to have achieved during the last few laps. Then in August the underpaid Brunner opted for Zakspeed.

Rial no longer has anybody with sufficient engineering capability.

Even though De Cesaris has rolled up his sleeves and has decided to work harder, the team still seems to be a bit off course.

Rial's 3 world championship points and 9th place in the builder's classification are all it has to base its hopes on for '89.

MINARDI

Giancarlo Minardi, romagnolo estroverso con i motori nel sangue, non riteneva sufficientemente appagante partecipare con la sua scuderia al campionato di Formula 2 e così, dal 1985, decise di compiere il grande passo, avventurandosi nel pianeta Formula 1.

Al debutto, nel Gran Premio del Brasile, la vettura è spinta da un Ford Cosworth, ma dal successivo Gran Premio di San Marino, si avvale del propulsore della Motori Moderni, nato dal genio dell'ingegner Carlo Chiti. Si tratta di una via tecnica non certo semplice da percorrere. Inoltre il piccolo e simpatico Martini è debuttante come la vettura, con tutte le conseguenze facilmente intuibili.

Per fortuna, la stagione si conclude con un risultato finalmente positivo: l'ottavo posto di Pierluigi Martini sul tracciato cittadino di Adelaide.

La Minardi affronta il 1986 con altro piglio. Al socio di Giancarlo Minardi e direttore tecnico della scuderia, l'ingegner Giacomo Caliri, si affianca un altro personaggio di valore, l'ingegner Carletti, un toscano che si è fatto le ossa in Formula 1, lavorando prima per la Ferrari, poi per la Renault.

Le vetture diventano due: una affidata all'ottimo Andrea De Cesaris, l'altra all'allora esordiente Alessandro Nannini.

Il budget è, però, modesto per mancanza di sponsor all'altezza della situazione e le speranze sono destinate a naufragare in una marea di ritiri.

Nel 1987, confermato Nannini, al posto di De Cesaris viene ingaggiato lo spagnolo Adrian Campos, povero di talento, ma ricco di sponsor. La stagione si chiude senza, però, avere ottenuto i risultati sperati.

Per l'88 la Minardi adotta il Ford Cosworth e si affida ad una coppia di piloti spagnoli, al solito Campos e a Luis Perez Sala, che ha preso il posto di Nannini approdato alla Benetton.

Adrian Campos ha una crisi di rigetto nei riguardi della Formula 1 e alla vigilia del Gran Premio di Detroit preferisce abbandonare. Così la Minardi richiama Pierluigi Martini, che gli regala subito una enorme soddisfazione: la conquista del primo punto iridato nella breve storia della simpatica scuderia romagnola.

Arrivare dal motore 87 Motori Moderni e passare al Cosworth, ha significato per tutta la squadra un ringiovanimento morale notevole. Semplicità di lavoro e di gestione più in linea con gli obiettivi e le forze della Minardi.

Una stagione, l'88, che era partita tutta all'insegna dello spagnolo: Sala e Campos i piloti, condizionati dallo sponsor Lois.

Una squadra che ha giocato la carta della semplicità, dei risultati basati sull'affidabilità; alla ricerca anche di una anticipazione gestionale dei problemi aspirati '89.

Un po' di tempo è stato perso inizialmente per far imparare a Sala, tanto tempo per cercare di capire il reale valore di Campos.

Poi quest'ultimo si è ritirato dalla Formula 1 ed il suo posto è stato catturato da un Pierluigi Martini, che, come debutto, anzi ridebutto in casa Minardi, a Detroit, ha portato un incredibile 6° posto, 1 punto mondiale a se stesso ed uno importantissimo al costruttore Minardi.

Il 10° posto nella classifica costruttori è significativo e permette alla squadra di entrare nell'89 con notevoli vantaggi economici previsti dal regolamento.

La vettura ha cominciato anche a progredire ed ormai in questo finale di stagione le qualificazioni non sono più un problema e l'avvenire sembra più pianificabile.

L'identità è stata probabilmente individuata, e l'inverno permetterà un ulteriore passo di qualità per salire ancora di posizioni soprattutto lavorando nella parte aerodinamica della vettura, e sfruttando la sempre maggiore maturità dei due piloti.

Definitely an extravert and a real racing car enthusiast, Giancarlo Minardi - who is from the Romagna region of Italy - decided that having his team take part in Formula 2 championship competitions was still not enough of a statisfaction for him, so he made the big jump into the world of the Formula 1.

Minardi made its debut in the Brazilian Grand Prix. In this race, the car mounted a Ford Cosworth engine. Beginning with the subsequent San Marino Grand Prix, however, the Motori Moderni engine was used. The engineer who designed this engine was Carlo Chiti. Technically, the road did not promise to be a very smooth one. Then, there was the diminutive and lovable Pierluigi Martini, but his also being a debutant made it easy to imagine what the consequences could be.

As luck would have it, the season ended positively, with Pierluigi coming in eighth in the Adelaide race.

In 1986, Minardi had a new idea. Another engineer, Carletti, was hired to work together with Giacomo Caliri, Giancarlo Minardi's partner and chief engineer. Carletti - a fine engineer from Tuscany - got all of his Formula 1 experience working first for Ferrari and later with Renault.

The drivers for Minardi's two cars were the very expert Andrea De Cesaris and Alessandro Nannini, who was making his debut at that time.

The lack of a suitable sponsor, whereby the expectations could have had a better chance of becoming a reality, greatly restricted the operating budget, with a long series of dropouts as a result.

In 1987, Nannini was retained, but Adrian Campos - a Spaniard who had little talent, but was richly sponsored - replaced De Cesaris.

In 1988, Minardi adopted the Ford Cosworth engine. Both of his drivers were Spanish: Campos and Luis Perez Sala, who took Nannini's place, Nannini having gone over to the Benetton camp.

On the night before the Detroit Grand Prix, Adrian Campos got cold feet and Minardi replaced him with Pierluigi Martini, who immediately provided him with a great satisfaction: the first point earned by the likeable Romagna team in its therefore brief history.

The change-over from the Motori Moderni in '87 to the Cosworth engine was a considerable boost for the morale of the whole team. The simplicity in the way of working and in the management were more in line with Minardi's objectives and possibilities.

The '88 season started off with an all-Spanish driving team - Sala and Campos - both conditioned by the sponsor, Lois.

The team opted for simplicity and based its results on reliability, so as to also get some preliminary management data with which to address the non-turbo problems in '89.

At the outset, a bit of time was lost to give Sala a chance to learn, while a lot of time was lost trying to determinate Campos real worth.

Then, Campos withdrew from the Formula 1, and a certain Pierluigi Martini grabbed his spot. He made his debut - actually his re-debut - with Minardi in Detroit, where he came in an incredible 6th, thus earning one world championship point for himself and one very important point for Minardi, the builder.

The significant 10th place in the builder's classification permits the team to go into the '89 season with the considerable economic advantages provided for by the rules.

The car has also begun to make progress; and since we are now in the final phase of the season, the qualifications no longer pose any problems and plans can be made for the future.

The problem of identity has probably been overcome, and the winter months will permit a further jump in quality - and a climb to higher positions - especially by working on the aerodynamics of the car and by taking greater advantage of the increasing maturity of the two drivers.

LIGIER

È stato alla metà degli anni '70 che Guy Ligier, un autentico sportivo, in gioventù anche apprezzato giocatore di rugby, ha tentato la grande avventura come costruttore di vetture da corsa, lanciandosi in Formula 1 dopo essersi fatto apprezzare per le sue vetture Sport.

Il debutto avviene nel 1976 con una vettura tutta blu, spinta dal 12 cilindri Matra. Il pilota è lui pure un francese, il simpatico Jacques Laffite.

La vettura francese, le cui sigle saranno sempre JS, dalle iniziali di Jo Schlesser, il pilota grande amico di Ligier morto in corsa a Rouen, si presenta con solide credenziali, che le permettono di concludere la prima stagione al quinto posto nella classifica finale.

Nel '77 arriva anche la prima vittoria, in Svezia, ma l'anno dell'esplosione è il 1979, quando, abbandonato il Matra, la Ligier sceglie come propulsore il classico Ford Cosworth.

Comincia alla grande l'equipe blu di monsieur Guy, trionfando in Argentina con Laffite. Quindici giorni dopo c'è il bis in Brasile, con una memorabile doppietta. Alla fine, a vincere il mondiale è la Ferrari con Jody Scheckter, ma la Ligier è stata senza dubbio una delle grandi protagoniste della stagione. Il merito va ascritto in particolare ad un tecnico che tutti cominciano ad apprezzare, Gerard Ducarouge.

Nel 1980, dominato dalla Williams di Alan Jones, la Ligier ottiene due vittorie, una con Laffite e l'altra con Didier Pironi, un giovanotto che lascia ben sperare.

Dalla stagione successiva la squadra torna ad essere francese al cento per cento, tanto da cambiare nome in Ligier-Talbot (una grande firma del gruppo Peugeot che torna ad impegnarsi nelle corse) e ad adottare nuovamente il motore Matra. I risultati sono abbastanza soddisfacenti con Laffite che vince a Zeltweg ed in Canada. Saranno, però, questi gli ultimi successi del team francese in Formula 1.

Dal 1983 la Ligier torna ad essere nuovamente gestita, in tutto e per tutto, dal suo patron, Guy. Ma è anche l'inizio di una crisi strisciante, un tunnel da cui non riesce ad uscire neppure quando, dalla stagione successiva, può disporre del turbo Renault.

Sono cronaca le ultime vicende che segnalano la Ligier in crescenti difficoltà, tecniche ed economiche.

Un po' per colore, "blu Francia", un po' per nome Ligier, questa squadra è sempre stata vista con un potenziale superiore alle sue realtà. Ci si è sempre aspettati buone prestazioni, e purtroppo non sempre i risultati sono effettivamente arrivati.

Quest'anno poi, 1988, può essere presentato come il più disastroso; il picco più basso? La non qualificazione di ambedue le macchine proprio al Gran Premio di Francia, al Paul Ricard.

Il direttore tecnico, Michel Tetu, ha cercato una progettazione che uscisse dai canoni tradizionali, ma non ha centrato il telaio. I due piloti, Arnoux e Johansson, esperti e grintosi, si sono sempre lamentati che qualunque modifica si facesse all'assetto, il comportamento non si modificava.

zero punti nel mondiale sono quasi un dramma per una squadra di questo livello; il tutto è sfociato a metà anno nella rottura Ligier-Tetu, ma le cose non sono migliorate.

Quanto meno, con telai alleggeriti per le qualificazioni, questo problema si è risolto; in gara però sempre mediocrità.

Per la Ligier c'è lo stesso problema della Tyrrell: vecchi concetti di gestione e di mentalità, in un mondo di Formula 1 che si è troppo evoluto.

Bisognerà vedere il lavoro previsto per l'inverno.

La volontà di Ligier è determinata, e lo si è visto ai box negli ultimi Gran Premi; ma tutta l'esperienza '88 sembra da buttare via e quindi si deve ricominciare da capo.

Se era duro qualificarsi quest'anno, lo sarà ancora di più il prossimo.

Guy Ligier was a real athlete and sportsman; as a young man he was quite a good rugby player. In about the mid-'70s, after having made a name for himself in the building of sports cars, Guy took the big step and went into the Formula 1 category.

The debut of his all-blue, 12-cylinder-Matra car was in 1976, with that very popular French driver, Jacques Laffite at the wheel.

The perennial letters "JS" on Guy's car stood for Jo Schlesser, his great driver friend who died in a racing accident at Rouen. Guy's car finished up its first season in fifth place in the final classification.

The next year, 1977, the Ligier obtained its first victory; it was the Swedish race. The big year for Ligier, however, was in 1979 when the Matra engine was replaced by the classic Ford Cosworth.

Guy's blue team started off by winning the Argentine Grand Prix with Lafitte driving. This became a double win for the blue team when, 15 days later, it won the Brazil Grand Prix. In the end, the world title was won by the Ferrari with Jody Scheckter driving, but the Ligier was definitely one of the great protagonists of that season. A great deal of credit for this went to Gerard Ducarouge, an engineer that was beginning to make quite a name for himself.

In the 1980 season, which was dominated by the Williams driven by Alan Jones, the Ligier obtained two victories, one with Laffite and the other with Didier Pironi, a young driver that showed a great deal of promise.

The start of the next season saw a return to being a 100% French team. Its name became Ligier-Talbot (a great Peugeot design section that went back to addressing the racing field), and the Matra engine was put back in the car. The results were quite satisfactory with Laffite winning the Zeltweg and Canadian races. Those were the last two races the French Formula 1 team was to win.

Beginning with 1983, Guy Ligier again became the sole manager of the team, and this was also the beginning of Ligier's decline. Even the following year, when it began using the Renault turbo engine, things did not improve.

As has recently been seen, Ligier's technical and economic difficulties have been getting worse and worse.

The Ligier "France blue" and the name "Ligier" itself have, to a certain degree, always made people consider this team as having a potential which is greater that it actually is. The team is always expected to perform well, but unfortunately the expected results have not always been obtained. This '88 season has been particularly bad, perhaps its worst. The two cars didn't even qualify at the Paul Ricard track for the French Grand Prix. The head engineer, Michel Tetu tried to come up with a design that was out of the ordinary, but he missed on the frame. The two expert and gritty drivers, Arnoux and Johansson, were continually complaining that whatever changes were made had no effect whatsoever on the way the car handled.

Not having made any championship points at all was a real tragedy for a team of this caliber. Half-way through the season, the thing came to a head and Tetu and Ligier had a falling out, but things didn't get any better.

Lightening the frames for the qualifications helped a little, which solved that problem, but their racing performance was still mediocre.

Ligier had the same problem Tyrrell had: an outdated mentality and an old concept as regards management. The Formula 1 world had evolved too much.

We'll have to wait to see what they'll be doing this winter. Ligier is very determined, as was seen in the pits during the last Grand Prix races, but the experience gained during the '88 season is absolutely worthless and they have to start from scratch.

If they think they had a tough time with the qualifications this year, they haven't seen anything yet as far as next year is concerned.

FERRARI

È un simbolo, la Ferrari: l'unica squadra che abbia preso parte a tutti i campionati del mondo da quando, nel 1950, questa prestigiosa competizione è stata varata.

Il suo albo d'oro è anche il più ricco, con 93 vittorie in Gran Premi validi per il mondiale, 9 titoli mondiali per conduttori e 8 per costruttori. Sono cifre che testimoniano lo straordinario successo ottenuto da una fabbrica che è stata, fino a qualche mese fa, l'espressione della volontà di un uomo straordinario, Enzo Ferrari.

Per la Ferrari e per Enzo Ferrari hanno corso e vinto tutti i più grandi campioni di questo dopoguerra, piloti che sono stati amati oltre ogni dire dal pubblico proprio per essersi imposti al volante delle rosse vetture di Maranello.

La prima vittoria in una gara iridata la Ferrari l'ha ottenuta, con Froilàn Gonzales, detto El Cabezon, nel Gran Premio di Gran Bretagna del 1951. Poi sarebbero venuti i trionfi mondiali di Alberto Ascari (1952-53), di Juan Manuel Fangio ('56) di Mike Hawthorn ('58), di Phil Hill ('61) e di John Surtees ('64).

Per undici, lunghi, interminabili anni, pur vincendo in altre specialità, la Ferrari non riesce più a conquistare il titolo in Formula 1. Sembra quasi una maledizione!

Sarà Niki Lauda a regalare alla Ferrari gli antichi splendori, a riaccendere un amore popolare in coloro che nella scuderia di Maranello vedono la "nazionale rossa dei motori".

Alle vittorie di Lauda ('75, '77) si aggiunge nel 1979 il trionfo iridato di Jody Scheckter. Sarà l'ultimo.

Con l'avvento del turbo la Ferrari è sempre protagonista e, nell'82, solo vicende drammatiche la priveranno di un meritato successo finale. Prima perde la vita Gilles Villeneuve, idolo delle folle ferrariste, durante le prove del Gran Premio del Belgio; poi è vittima di un gravissimo incidente Didier Pironi. Senza questi due terrificanti episodi la Casa modenese sarebbe stata la prima a vincere il mondiale con un motore turbo.

Nel tentativo di ritornare alla vittoria Enzo Ferrari è arrivato persino a privarsi di uno dei suoi collaboratori prediletti, l'ingegner Mauro Forghieri, che della scuderia era il responsabile tecnico dal lontano 1961.

Il 14 agosto di quest'anno, ormai novantenne, Enzo Ferrari ha cessato di vivere. La Ferrari gli sopravvive, ma bisognerà vedere quale sarà il suo futuro senza l'uomo che ne era l'anima.

Quante cose sono successe alla Ferrari quest'anno! La scomparsa di Enzo Ferrari in agosto in realtà non ha toccato la squadra in senso tecnico-sportivo; ha semmai innescato l'evoluzione dell'accesso Fiat alla gestione sportiva.

Schematizzando fatti agonistici con fatti tecnici si può riassumere:

— Piero Ferrari ha lasciato la direzione sportiva per divenire Vice-Presidente Ferrari.

— Marco Piccinini lascia il suo incarico a fine '88.

— Responsabili Fiat gestiscono ora il reparto corse, a Maranello e sulle piste.

— John Barnard, ridimensionato nella sua responsabilità, deve far vincere almeno la nuova aspirata '89.

— Michele Alboreto se ne va ed il suo numero 27 è preso da Nigell Mansell.

— La Ferrari, più o meno, non va: consuma molto e la sua potenza non ha elasticità e progressione.

— A Monza. doppietta rossa, è arrivata quasi un regalo sostenitore dal cielo! Vedendo Alboreto 5° nel mondiale, dietro a Boutsen, si resta un po' perplessi, ma la vettura ha vissuto tutto l'anno problemi di competività; decente in prova, è spesso crollata in gara dove, per finire la gara con i 150 litri disponibili, i due piloti dovevano ridurre la pressione del turbo.

Il telaio, come parte sospensioni, è andato bene; l'aerodinamica di carrozzeria ed ali non è mai stata efficace.

Le speranze sono tutte per l'89, ma le pre-prove della nuova vettura lasciano ancora molti dubbi.

Ferrari is a symbol; it is the only team that has taken part in all the world championship events from the year these prestigious races began being held, which was 1950.

Its golden album of racing is also the richest collection of victories: 93 world championship competition races won, 9 world championship driver's titles and 8 world championship automobile titles. This extraordinarily successful racing vehicle was - up to a few months ago - the personal expression of an equally extraordinary man, Enzo Ferrari.

All of the world's outstanding racing car drivers have driven the Ferrari for Enzo Ferrari since the end of WW II. The great success obtained by these drivers, behind the wheel of their Ferraris has made them become the idols of the racing public all over the world.

The Ferrari obtained its first victory in the Great Britain Grand Prix of 1951, with Freilàn Gonzales - "El Cabezon" - driving, followed by Alberto Ascari's victories in '52 and '53, Juan Manuel Fangio's victory in '56, Mike Hawthorn's in '58, Phil Hill's in '61, and John Surtees' in '64.

Then - as if someone had given it the "evil eye" - Ferrari could not win a single world Formula 1 title during the whole following 10-year period, although it won other specialty races.

Then, in '75 and '77 Niki Lauda brought the Ferrari back into the limelight and the smiles back onto the happy faces of the many fans that consider the Maranello team the bearer of the "national racing color": fire-engine red.

Niki Lauda's victories were followed in 1979 by Jody Scheckter's win, which turned out to be Ferrari's last.

With the advent of the supercharged engine, Ferrari continued to be a protagonist, and would have had a final success had it not been struck by some very bad luck. First of all, there was Gilles Villeneuve - the idol of the Ferrari fans - who lost his life during the test runs for the Belgium Grand Prix. That was followed by the very serious accident in which Didier Pironi also lost his life. If these two exceedingly unfortunate episodes had not taken place, the Ferrari would have most likely been the first car with a supercharged engine to win a Formula 1 world championship title.

Enzo Ferrari wanted so much to put the Ferrari back into its top winning position that he even dispensed with one of his closest collaborators: engineer Mauro Ferghieri. Ferghieri had been Ferrari's chief engineer since way back in '61.

On the 14th of August of this year, Enzo Ferrari - who was 90 years of age - passed away, leaving his famous automotive tradition behind. Who knows what the future holds for Ferrari, now that the man who was its soul has departed forever?

The Ferrari camp went through an awful lot this year! First, Enzo Ferrari passed away in August, which really didn't affect the team from either the technical or track-performance points of view. But what it did do was prepare the groundwork for Fiat's taking over the management of the racing end.

A brief rundown of the main events that took place this year includes the following:

— Piero Ferrari left his duties concerning Ferrari's sports activities and became its Vice President;

— Marco Piccinini resigned as of the end of '88;

— The Fiat managers took over the racing division, both at Maranello and on the tracks;

— John Barnard's job responsabilities were redimensioned and the least that is expected of him is to make sure the new '89 non-turbo wins;

— Michele Alboreto left Ferrari and his No. 27 was taken over by Nigel Mansell;

— The Ferrari performed more or less poorly; it used too much fuel and was not elastic and smooth enough in delivering power;

- The double Ferrari victory at Monza almost came as a gift from Heaven!

Alboreto's 5th place behind Boutsen in the championship was somewhat perplexing, but then the car was having trouble being competitive all year long. It performed well enough in the trials, but pooped out in the races because the two drivers had to reduce turbo pressure to make the available 150 liters get them across the finish line.

The frame and suspensions worked out all right, but the aerodynamics of the body and the ailerons was never really effective.

Hopes are high for '89, but the preliminary tests on the new car still leave a lot of doubts.

LOLA - LARROUSSE

È una squadra la Lola che tanto ha dato e ottenuto nelle competizioni automobilistiche. Nella sua storia venticinquennale, però, non ha mai partecipato con costanza al campionato del mondo di Formula 1, preferendo primeggiare nelle gare per vetture Sport e soprattutto nel più remunerativo campionato di Formula Indianapolis. E proprio nelle corse americane la Casa inglese ha colto i suoi più significativi successi.

Nel 1985 ha fatto la sua riapparizione in Formula 1 grazie ad uno sponsor d'eccezione, la multinazionale statunitense Beatrice.

L'ambizioso programma, che sembrava favorito dalla Ford, intenzionata a ripetere anche con il turbo le imprese compiute con il propulsore aspirato, era destinato a naufragare. Un improvviso cambiamento ai vertici della Beatrice imponeva uno stop alla costosa operazione in Formula 1.

Nel 1987 la Lola è così ripartita da zero, affidando le proprie monoposto ad un team francese nuovo di zecca, diretto da Gerard Larrousse.

Buon pilota, Larrousse era stato l'uomo cui la Renault aveva delegato la gestione del programma di Formula 1. Tra la grande squadra francese ed il team manager c'era stata una brusca rottura alla fine del 1983, poi Larrousse aveva collaborato con la Ligier, ma il suo sogno era quello di provare con una sua scuderia.

Con un budget discreto, ma non illimitato (da segnalare fra gli sponsor il dipartimento della Senna Marittima), l'ex boss della Renault è stato capace di lavorare con abilità.

Già alla prima stagione sono giunti risultati interessanti, tanto da permettere al team di ottenere il secondo posto nel Trofeo Chapman, riservato alle squadre che utilizzano motori aspirati.

Anche nella stagione appena conclusa, in cui a Philippe Alliot è stato affiancato un pilota francese di belle speranze, Yannick Dalmas, la Lola-Larrousse ha dimostrato di essere una squadra in grado di crescere e di conquistarsi, in breve, un suo spazio vitale, approfittando anche dei nuovi regolamenti che potrebbero stravolgere le attuali gerarchie.

Un'operazione, quella di Larousse, partita all'inglese e poi sempre più coinvolgente come obiettivi e nazionalismo. La squadra è andata sempre migliorando, anche se nella prima parte della stagione alcuni incidenti hanno compromesso i telai delle macchine disponibili, costringendo la squadra più a ricostruire che a provare per migliorare ed evolvere.

Sia Alliot che Dalmas, francesi purosangue, si sono dati molto da fare; hanno vissuto incidenti molto spettacolari, sempre finiti bene per loro, ma non hanno perso grinta. 34 anni il primo, 25 il secondo. Logicamente ci si aspetterebbe una bella differenza di comportamento, in realtà molto spesso era difficile capire chi dei due guidava la macchina.

Larousse però durante l'88 ha anche lavorato per conseguire un salto di qualità; ha capito che senza un motore diverso da quelli che tutti possono comprare, sarebbe rimasto sempre li, a metà schieramento.

Ha allora sfoderato tutta la sua esperienza di ex-pilota, ex-direttore sportivo Renault, ed è riuscito a concludere l'accordo motore Lamborghini.

La Lola Larrousse Calmels sarà la squadra ufficiale Lamborghini e ne raccoglierà i frutti se il nuovo motore di Mauro Forghieri dimostrerà di essere competitivo.

Questo è il futuro; l'88 invece è stato avaro; nessun punto mondiale, qualche difficoltà a volte nel conto economico della squadra per i notevoli sforzi fatti per la ricostruzione dei danni subiti in prova ed in gara.

The Lola team has given a lot and obtained a lot in car racing competitions. In all of its 25-year history, however, it has preferred not to participate uninterruptedly in Formula world championship events, but has preferred to obtain its victories in sports-car races, and especially in the more retributive Indianapolis Formula races. In fact, this English manufacturer has obtained its more significant successes in these American races.

Backed by the very important US multinational - the Beatrice Company - it made its appearance once again in the Formula 1.

Its ambitious plans were apparently favored by the Ford Company, which wanted to obtain the same kind of track record with the turbo engine that they had obtained with the non-supercharged engine. But this ambitous program was doomed to failure, because the top managers of the Beatrice Company suddenly decided that the Formula 1 operation was too expensive.

Thus, in 1987, finding itself back at square 1, Lola hired a brand-new French team for its single-seater, directed by Gerard Larrousse.

Larrousse - a good driver - had previously managed Renault's Formula 1 program. But, at the end of 1983, Larrousse and the great French team had a falling out and Larrousse went to work for Ligier. Actually, Larrousse's dream was to try his luck with his own personal team.

With a fairly good, but not unlimited, budget (the Seine Maritime Dept. was one of its sponsors), the former boss of the Renault team did a good job.

Interesting results were already obtained during the first season, which permitted the team to win second place in the Chapman Trophy, an event for teams driving cars mounting non-supercharged engines.

In the season that just ended, the Lola Larrousse drivers were Philippe Alliet and Yannick Dalmas, a French driver that shows very good promise. Their performance demonstrated that the Lola Larrousse team has been able to develop and - wisely taking advantage of the new rules that could overturn the existing hierarchies - make a significant name for themselves in a short time.

Larousse's operation started off English-style and became more and more involved with objectives and nationalism.

The team was getting better and better results, even though a few accidents, during the first part of the season, had compromised the frames of their available cars, which resulted in their only being able to repair them without the advantage of improving or perfecting them.

The two French thoroughbreds, Alliot and Dalmas, gave it all they had.

Despite several spectacular accidents, in which neither of them got hurt, they never lost their grit. It was normal to expect that the difference in their ages - one is 34, the other 25 - would have been evident in their track behavior; but, very surprisingly, it was often difficult to tell which one was driving. During the '88 season, Larousse did try to take a step upward as regards quality. He was well aware of the fact that if he didn't want his car to get lost somewhere in the pack, it would have to have an engine that was not like the kind that anyone could buy. So, what he did was call upon all the experience he had gained when he was a driver, as well as that gained when he was Renault's sports director, and closed a deal with Lamborghini Motors.

The Larousse Camels Lola team is going to be the official Lamborghini team, and will be in for some rewards-reaping if the new Mauro Ferghieri engine turns out to be competitive.

Well, this is all for the future. Meanwhile, the pickings were lean in '88, whith no championship points, a few team budget problems, and the serious financial burden of having to repair all the various damage sustained during the trials and the races.

COLONI

Una consolidata tradizione ha sempre voluto che, in Italia, l'automobilismo sportivo si sviluppasse nel triangolo Torino-Milano-Modena (e dintorni). Addirittura blasfemo appariva il solo pensare che una squadra con ambizioni di vertice potesse nascere e prosperare al di sotto della linea gotica.

Enzo Coloni è riuscito a smentire questo dato di fatto. La sua piccola, ma attrezzatissima factory sorge, infatti, a Passignano sul Trasimeno, in quell'Umbria che viene definita il cuore verde d'Italia.

Ha cominciato come pilota Enzo Coloni, distinguendosi nelle Formule minori per la sua grinta, per la sua voglia di vincere a tutti i costi. Poi è riuscito a trasformarsi in proprietario di team e la sua squadra ha dominato in largo e in lungo in Formula 3: una serie di successi, che, però, non hanno appagato del tutto l'abile manager umbro.

Enzo Coloni si è così avventurato nel campionato di Formula 3000, ma non gli ci è voluto molto per capire che quella competizione aveva ben poco da offrirgli sul piano del prestigio. Così, nel 1987, è maturata la sua decisione di partecipare al campionato del mondo di Formula 1.

Dopo il debutto, avvenuto a Monza, due stagioni fa, quest'anno ha fatto il grande salto.

Con mezzi modesti — un budget valido per un campionato di Formula 3 — ha affrontato la difficile realtà della Formula 1. Tutte le sue scelte sono apparse dettate dal buon senso e da quella concretezza che è stata alla base dei suoi precedenti successi.

Particolarmente indovinato è apparso l'ingaggio del pilota, cui affidare le sorti della sua squadra. È toccato a Gabriele Tarquini, simpatico ragazzo di Giulianova, affrontare il mondiale con la nuova monoposto. Esordiente il team, esordiente il pilota: i più scettici erano convinti che la Coloni sarebbe andata incontro a dei disastri. Al contrario, pur essendo costretta a partecipare a quella specie di roulette russa che sono le prequalifiche, macchina e pilota hanno ottenuto risultati sorprendenti.

Passione e desiderio di dimostrare che anche in zona Perugia si può costruire una Formula 1 competitiva. Enzo Coloni è entrato in Formula 1, dopo aver vinto tutto con la sua squadra che gestiva macchine di formule minori costruite da altri. Ora vuole riuscire a dimostrare che anche in formula 1 si può fare altrettanto bene.

Una sola macchina, un pilota da costruire come Gabriele Tarquini, un motore Cosworth, ed una struttura di piccole dimensioni per non rischiare di sbagliare eventualmente alla grande. Soluzioni tecniche lineari, semplici. Poco tempo per prove, collaudi, modifiche.

Lotte regolari nelle pre-qualifiche, tra i cinque che devono trovare il "solo" posto disponibile per le prove ufficiali.

Ma poi, subito dopo la metà stagione, annuncio della Coloni che fa passare teoricamente in secondo piano i fatti sportivi dei suoi gran premi: è stato ingaggiato tutto lo staff tecnico-direttivo della AGS, responsabile della progettazione della nuova macchina e del miglioramento dell'attuale.

Dopo un po' altro annuncio: Moreno, campione europeo F. 3000, collaudatore ufficiale Ferrari per il progetto Barnard aspirato è il pilota '89. La seconda macchina la guiderà Tarquini o pilota da designare.

Anche la Coloni dunque investe per ottenere un salto di qualità. E non è detto che ci vogliano sempre i grandi nomi per fare dei telai giusti. Per Coloni l'88 potrebbe essere un anno su cui sorridere.

It has always been a well consolidated tradition in Italy that sports cars were native of the Turin-Milan-Modena triangle or close to it. It was blasphemous to even imagine that a top-flight team from below the Gothic line could even become a reality and prosper.

But Enzo Coloni was able to do just that. In fact, his small but very well equipped plant is located at Passignano sul Trasimeno, in the Umbria region, known as the "green heart" of Italy.

Enzo Coloni started out as a driver in the minor formula events, and developed a reputation for having plenty of grit and a desire to win at all costs. He later became the owner of a team that largely dominated the Formula 3 scene with a series of successes. But these successes did not completely satisfy this very competent manager from Umbria.

So, he decided to get into the Formula 3000 championship events. But here, too, he soon discovered that they did not offer much in the way of prestige. In 1987, therefore, he finally decided that the Formula 1 championship events were the kind of races in which he really wanted to participate.

He made his debut at Monza two seasons ago. This year he made the big jump.

With a budget that was more suited for a Formula 3 championship, he boldly faced the grim reality of the Formula 1. All of his decisions were based on good sense and the concreteness that had formed the basis of his previously attained successes.

A particularly wise move on his part was the hiring of Gabriele Tarquini - a pleasant lad from Giulianova - to head the team which was to compete in the world championship events. Seeing as how this was the debut of both Tarquini and the team, many skeptics were convinced that Coloni was heading straight for disaster. The surprise was that, on the contrary, both the driver and the car performed well and obtained exceptional results, notwithstanding their having to participate in that sort of Russian roulette represented by the prequalifying events.

Enzo Coloni's real passion and desire was to prove to everyone that a competitive Formula 1 could also be built in the Perugia area.

After his team had won everything they could, driving smaller cars built by others, Enzo decided to move up to the Formula 1 class, and was out to prove he could he can get the same results.

He had just one car, one Coswarth engine and Gabriele Tarquini, a driver who still needed experience. Of course, it was a small team, just right for not getting into big trouble if any errors cropped up. The technical solutions were simple and straightforward, thus eliminating the need for a lot of time being spent in running trials, conducting tests and making changes.

There were the normal battles in the prequalification runs between the 5 vying for the one available opening in the official trials. But later, half-way through the season, Coloni came out with an announcement that upstaged all the rest of the season's news. Coloni had hired AGS's complete engineering and managerial staff to design the new car and update the existing one. Shortly thereafter, another announcement. The No. 1 driver was to be Moreno, the European F. 3000 champion who had first been the official test driver for Ferrari and later for the Barnard non-turbo project, and the other car was to be driven either by Tarquini or some other driver which had not yet been selected.

So, Coloni's also investing to obtain a step upwards in quality. It's quite possible, of course, that you don't really have to have a big name engineer to get the right frame design. And it might also be quite possible that '89 will turn out to be a very satisfying year for Enzo Coloni.

EUROBRUN

A Giampaolo Pavanello, titolare dell'Euroracing, evidentemente non andava di essere ricordato come l'uomo che ha affondato il programma Alfa Romeo in Formula 1. Era a lui, alla sua scuderia, infatti, che la prestigiosa Casa milanese si era affidata per continuare a correre nel mondiale dopo aver silurato Carlo Chiti.

Quella esperienza si era chiusa in maniera fallimentare e così Pavanello quando se n'è presentata l'opportunità ha tentato nuovamente l'affascinante avventura della Formula 1.

Ad offrirgliene il destro è stato Walter Brun, uno svizzero che si era fatto un nome nelle gare di durata, ma che, evidentemente, cercava nuovi sbocchi.

È nata così questa singolare unione, fra un personaggio a caccia di rivincite, Giampaolo Pavanello appunto, ed un ambizioso titolare di scuderia, Walter Brun, che temeva di fallire senza l'appoggio di un uomo esperto.

Come piloti sono stati scelti due protagonisti agli antipodi, l'argentino Oscar Larrauri e Stefano Modena.

Larrauri, ormai decisamente oltre la trentina, all'inizio degli anni 80 sembrava avviato verso una luminosa carriera, dopo avere vinto, proprio alle dipendenze di Pavanello, il campionato europeo di Formula 3. Ma in Formula 1 non era mai riuscito ad approdare, accontentandosi di raccogliere allori e dollari con le vetture Sport e nei campionati promozionali della Renault.

Ha dunque accettato al volo l'opportunità che gli veniva offerta dal suo vecchio patron.

Stefano Modena, al contrario, è uno degli ultimi prodotti del nostro fertile vivaio, tanto che qualcuno lo ha già paragonato, per grinta, talento e metodo ad Ayrton Senna.

Dopo avere debuttato con la Brabham nel Gran Premio d'Australia del 1987, Modena era convinto di riuscire ad approdare almeno in un team di media levatura, anche perché gode dell'appoggio della Marlboro. Ma le sue speranze andavano deluse e così ha dovuto accontentarsi della Eurobrun, in fondo la scuderia giusta per cominciare a farsi largo nel difficile mondo dei Gran Premi.

Una squadra nata sulla traccia dell'esperenza Alfa Romeo F.1 vissuta da Pavanello, general manager della Eurobrun.

Nessuna pretesa di grandi cose; il desiderio probabile di rientrare in Formula 1; questo mondo che offre oltre all'agonismo anche la possibilità di costruire una azienda, se le cose vanno normalmente.

I due piloti non potevano compensare eventuali pecche di macchina e di preparazione.

Brausi ha cercato di lavorare duro, per sfruttare questa occasione che gli veniva data a 34 anni.

Stefano Modena ha cercato di capitalizzare il campionato Europeo F.3000 vinto bene lo scorso anno, vinto a 24 anni.

Alti e bassi hanno caratterizzato l'andamento della squadra e dei piloti.

Chi ne ha beneficiato di più è stato forse Modena: si è parlato di lui, lo si è verificato al volante di una F1 e sicuramente se si aprisse qualche opportunità più competitiva qualcuno penserebbe anche di dargli una ulteriore possibilità.

La squadra non ha di fatto migliorato nell'arco dell'anno: ha dato la sensazione che così come è partita ad aprile, così è arrivata alla fine.

C'è bisogno di tanto lavoro universale, dopo naturalmente aver concretizzato il proprio budget.

Come al solito i conti tornano più difficilmente dove in pratica si spende meno!

Gianpaolo Pavanello - the owner of Euroracing - evidently did not like being remembered as the man that sunk Alfa Romeo's Formula 1 program. It was, in fact, that prestigious Milanese manufacturer that had hired Pavanello and his team to continue racing in the world championship events after it had torpedoed Carlo Chiti.

That experience having turned out to be a flop, Pavanello tried the Formula 1 again as soon as the opportunity presented itself.

Walter Brun, a Swiss driver who had made a name for himself in endurance races and was looking for a new challenge, offered to be his right-hand man.

This rather singular team was thus created: a well-known person, Gianpaolo Pavanello, who was hunting for new successes, and an ambitious team owner, Walter Brun, who felt he had no chance of being successful without expert help.

Two diametrically opposite protagonists were hired as the drivers: the Argentine, Oscar Larrauri, and Stefano Modena.

Larrauri was well into his '30s and, back in the early part of the '80s, showed good promise for a brilliant career. As a driver for Pavanello, he had won the Formula 3 European championship. But he was never able to make it in Formula 1, and had been content with gathering laurals and dollars with sports car events and Renault promotional events.

He therefore jumped at the offer from his old boss.

On the other hand, Stefano Modena is a driver who only very recently has appeared on the scene. His grit, talent and method of driving has led some people to compare him with Ayrton Senna.

After his debut with the Brabham in the 1987 Australian Grand Prix, Modena - who has the support of Marlboro - felt sure he could make it with a medium-category team. But he was disappointed, and had to be content with Eurobrun. Eurobrun, after all, is a good team to start out with in the difficult Grand Prix world.

This team was formed on the basis of the Alfa Romeo F1 experience that Pavanello, Eurobrun's general manager, had previously. He didn't have any great ambitions, and really only just wanted to try to get back into the Formula 1 game where, aside from the challenge of competitive racing, there was also the possibility of being able to set up a company, if things went normally.

His two drivers could not compensate for any drawbacks there may have been in the design and preparation of the car.

Worked very hard to make the best of this opportunity that had been given to him at the age of 34. The 25-year-old Stefano Modena tried to capitalize on his victory in the previous year's European F. 3000 championship event.

Both the team and the drivers had their ups and dows all through the season.

Modena probably made the best all-around showing and had people talking about him. He showed he could admirably handle the F1, and if a more competitive opportunity should present itself in the future, someone will undoubtedly make sure he takes advantage of it.

The team itself didn't improve any during the year. It gave the impression of having ended up the same way it had started off in April.

They really still have to their act together; that is, after they've worked out their budget.

As usual, when you have to keep to a tight budget, you can't expect big results.

SCUDERIA ITALIA

Si scrive Scuderia Italia, ma si legge Giuseppe Lucchini, Beppe per gli amici. Nato a Brescia, una delle culle del motorismo sportivo in Italia, figlio dell'ex presidente della Confindustria, sposato con una moglie bella e intelligente, Miriam, che ne condivide le passioni, Giuseppe Lucchini è da sempre un grande appassionato di motori.

È a lui ad un gruppo di suoi amici che si deve la brillante idea di avere riproposto la Mille Miglia in chiave retrò. Un grande successo che lo ha poi spinto a fondare una scuderia per gestire vetture d'epoca e a partecipare poi al campionato turismo.

Tante iniziative, cui mancava il suggello, che, per tutti, è rappresentato dalla Formula 1. Beppe Lucchini, però, era trattenuto da non poche perplessità. La sua preoccupazione maggiore era quella di non ottenere risultati pari alle aspettative che una sua scuderia avrebbe suscitato.

Spinto ed incoraggiato da Mauro Forghieri, un vecchio amico, alla fine ha rotto gli indugi, creando la Scuderia Italia, con il compito di gestire la vettura allestita dall'ingegner Dallara.

Con modestia, ma determinazione, il clan di Lucchini ha approcciato l'ambiente della Formula 1. Non è stata sbagliata una mossa, dalla scelta del responsabile delle relazioni esterne, Mario Vecchi, a quella del pilota, Alex Caffi, guarda caso un bresciano con tanta voglia di emergere.

Accolta con un certo scetticismo — da molti veniva interpretata come il capriccio di un miliardario — la Scuderia Italia è stata la grande sorpresa della stagione appena conclusa.

Insomma, sono state poste le basi per un futuro importante, nel tentativo di assicurare alla Scuderia Italia il ruolo di leader fra le squadre cosiddette minori.

Presentata come la novità Italiana dell'88, spalleggiata da nomi importanti, sostenuta tecnicamente da personaggi come Forghieri e Dallara, la scuderia Italia ha affrontato i primi gran premi con i problemi della gioventù.

Ma alla lunga, anzi alla breve, pensando che si sta parlando di una stagione di 16 gran premi, è venuta fuori.

E con la scuderia è maturato il suo pilota Alex Caffi. La concentrazione '88 su di una vettura, pur con disponibilità di muletto, ha permesso di lavorare tanto e bene: cioè quantità e qualità.

Gara dopo gara la macchina di Caffi è passata dal dietro alle zone centrali dello schieramento, piazzando alle volte anche delle zampate di ottime prestazioni.

Un telaio ed una aerodinamica non troppo sofisticati; una affidabilità che ha permesso di catturare chilometri; la scuderia Italia in questa stagione si è creata un archivio che le permette di fare il passo più impegnativo l'anno prossimo. E la Marlboro le ha dato completa fiducia. Dopo un solo anno di attività diventa seconda squadra Marlboro anche di denominazione: Marlboro-Scuderia Italia.

Il big Andrea De Cesaris affianca Alex Caffi, piazzando nei prossimi schieramenti due piloti particolarmente competitivi.

Mezzi, capacità tecnica e valore agonistico dei piloti permettono di considerare questa scuderia come una delle più promettenti del lotto.

I risultati di quest'anno passano in secondo piano, pensando alle premesse dell'89.

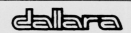

When one reads "Scuderia Italia", his lips form the name "Giuseppe Lucchini"; "Beppe" for his friends. Born in Brescia, one of Italy's cradles of car racing, Beppe is the son of the former president of Confindustria. Giuseppe Lucchini has always had a real love for engines, and his beautiful and very intelligent wife, Miriam, shares this passion with him.

It was Beppe and a group of his friends who came up with the very good idea of having a "retro" Mille Miglia race. This event was such a huge success that he decided to set up a team to manage vintage cars and then participate in the tourist-car championship events.

The Formula 1 is the strong attraction for many, but Beppe Lucchini was perplexed by a lot of doubts. His main worry was not being able to obtain the results people would expect his team to obtain.

However, an old friend of his, Mauro Forghieri, finally got him to overcome his doubts, and the Scuderia Italia was formed with the job of managing a car put into shape by the engineer Dallara.

Lucchini's clan approached the Formula 1 environment modestly but with determination. Every move they made was right, from the choice of Mario Vecchi as head of public relations, to Alex Caffi as the driver, who - not surprisingly at all - was from Brescia and had an enormous desire to make a name for himself.

Many were skeptic and thought this was just the whim of a millionaire, but in this season that just ended, the Scuderia Italia surprised them all.

The Scuderia Italia has laid the foundation for an important future as a leader among the so-called minor teams.

With important backers and such engineers as Forghieri and Dallara, the Scuderia Italia was presented as the Italian novelty for '88, but as it faced the first Grand Prix events, it was obviously having some growing pains.

But in the long run - or, rather, the short run, seeing as how there were 16 Grand Prix races this year - it came out all right.

Both the team and its driver, Alex Caffi, matured nicely.

Concentrating on one car in '88 - plus a reserve vehicle - permitted accomplishing a lot of work and doing it well. In other words, both quantity and quality were obtained.

Race after race, Caffi would come up from way behind, often doing some brilliant passing, and would take a position right in the middle of the pack.

Neither the frame nor the aerodynamics were particularly sophisticated, but the car's reliability permitted it to eat up a lot of kilometers.

After just one season, the Scuderia Italia created enough of a file of experience for itself to permit it to take a more important step next year. And Marlboro is going to bet on that. In fact, starting as of next year, the Scuderia Italia's team will be Marlboro's second team and will be called Marlboro-Scuderia Italia. Furthermore, next year's line-up will see Alex Caffi teamed up with another particularly competitive driver: the great Andrea De Cesaris.

So, this club will have the financing, the technical capability, and the outstanding skill of these two drivers, which all adds up to making the Marlboro-Scuderia Italia the outfit to watch next year.

In comparison to what's bound to happen in '89, this year's results are really only of secondary importance.

Ci si scrolla di dosso la "ruggine" accumulata durante l'inverno.

Squadre, piloti, tecnici, meccanici rientrano in modo totale nell'atmosfera della competizione e dell'agonismo.

Ci si sono state tante prove invernali, tanti cambiamenti umani e tecnologici, regolamento turbo compreso, una lotta contro il tempo e non contro l'avversario diretto, alla prima frenata dopo il rettilineo non è appunto la stessa cosa.

È il momento delle verifiche, senza politica, comunicati stampa o inghippi di pressione del turbo: due giornate di prove ufficiali, la luce verde e la bandiera a scacchi per stabilire, si pensa in linea di massima, quale sarà il filone giornalistico di questo campionato mondiale 1988.

Il caldo e l'atmosfera di Rio, il campione del mondo in carica Nelson Piquet col suo N° 1 sulla Lotus Honda di cui nessuno ora conosce il potenziale; ma Nelson è brasiliano ed il suo avversario N° 1 è un altro verde/giallo: Ayrton Senna, l'uomo da battere per gli avversari e per il suo compagno McLaren-Honda Alain Prost.

Prost è quello che ridimensiona i big; vedi Niki Lauda, vedi Keke Rosberg.

Il mondo della Formula 1 è diviso tra quelli che vedono Senna ridimensionato da Prost e quelli che vedono Prost ridimensionato da Senna: semplice, no?

E poi la McLaren-Honda sarà efficace come lo era la Williams?

Su tutti però incombe la Ferrari, la stella che ha chiuso la stagione '87.

Le prove invernali non hanno dato indicazioni definitive e lo schieramento di Rio lascia aperte tutte le possibilità, anche quella poco pensata di una macchina aspirata capace di dare fastidio ai Turbo.

Mansell, affamato di rivalse, è lì in prima fila, a fianco di Senna, a fianco del motore Honda che lo ha rifiutato, e davanti a Nelson Piquet che gli ha tolto un titolo mondiale. Tutto è possibile dunque e la gara non scioglie dubbi: il motore Honda... è il più forte, ma non tanto perché la Ferrari di Berger è lì vicino.

Gli aspirati mancano di affidabilità, perché spremuti senza sufficienti collaudi, ma possono avere, si pensa, un grande potenziale; Prost vince, Senna è squalificato, ma la sensazione è che i due piloti siano vicini e che la squadra li gestisca bene con fermezza; non ci sarà insomma la quasi anarchia del Team Williams ai tempi di Piquet e Mansell.

C'è una schiera di aspirati con tecnica di telaio e motori diversi ma con prestazioni simili. In certe piste i 150 litri limite del motore turbo potranno avere dei problemi ad aprire la strada a più risultati.

Insomma, la 1ª gara '88 non scioglie tutti i dubbi e sembra abbastanza in linea con le aspettative degli addetti ai lavori.

With winter over, the crews, drivers, engineers and mechanics come out of "hibernation", stretch and yawn a bit, and in a very short time are back in the full swing of racing.

There have been many tests carried out during the winter; there have been a lot of technical and personnel changes. It has been a race against time and not directly against the adversaries; at the first application of the brakes after the straight-away things will have changed.

The moment of truth has come, without any politics, press releases or turbo pressure problems. Two days of official tests, the green light and the checkered flag to provide some indication of what the journalistic vein will be for this 1988 world championship event.

The heat and atmosphere of Rio, the holder of the world championship title, Nelson Piquet, with the number "1" on his Lotus Honda, a car whose potential is a mystery; but Nelson is Brazilian and his No. 1 adversary is another green and yellow: Aryton Senna, the man the adversaries and his McLaren-Honda mate, Alain Prost, have to beat. Prost is the one who redimensions the big-timers, such as Niki Lauda and Keke Rosberg.

The Formula 1 world is divided into those that see Senna redimensioned by Prost and those that see Prost redimensioned by Senna. Simple, so?

But will the McLaren-Honda be as effective as the Williams was?

Hanging over all of this, however, is the Ferrari, the star that closed the '87 season.

The winter trials have given no definitive indications, and the array at Rio leaves all possibilities open, even the way-out possibility that a turbo might even be annoyed by a non-supercharged car.

Mansell, hungry for revenge, is in the front line next to Senna, next to the Honda that was refused him, and in front of Nelson Piquet who took the world title from him. Therefore, anything can happen and the race does not dispell any doubts. The Honda has a greater advantage, but not too much because Berger's Ferrari is right close by. Having been forced to the limit without undergoing sufficient testing, the non-supercharged engines are not reliable. It is felt, however, that they could have a big potential. Prost wins and Senna is disqualified. The general impression is that is that these two drivers are close and are managed well and with a firm hand. In other words, it is very likely that there will not be any anarchy like the kind experienced by the Williams team at the time of Piquet and Mansell.

There is a whole array of non-supercharged entries, all with different frames and bodies, but with similar performance characteristics.

The 150 liter limit for the turbos could make it difficult for them to obtain certain results on some tracks.

All in all, the 1st '88 race has not dispelled all the doubts, but seems in line with what was expected by the those involved.

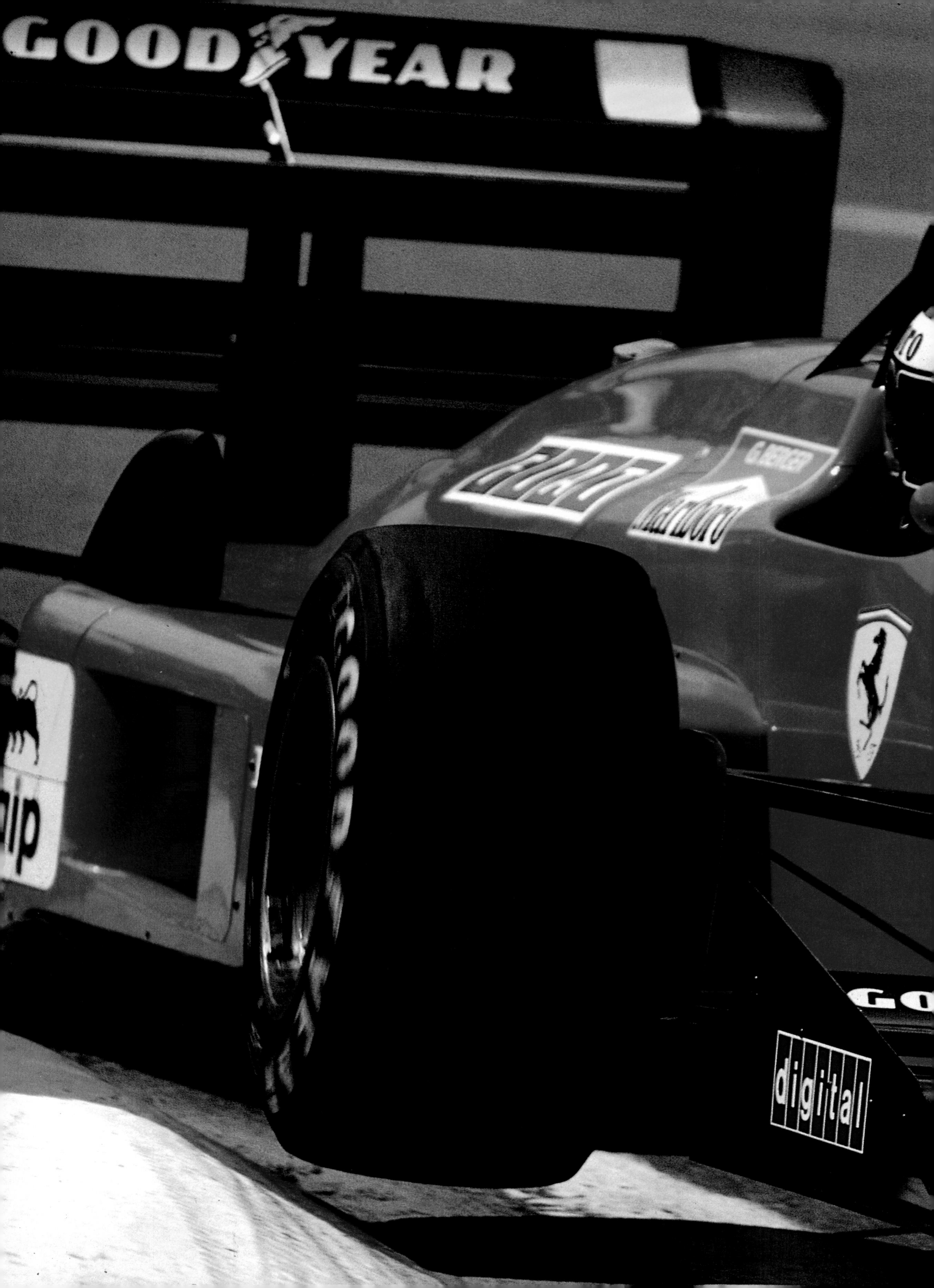
GOODYEAR
G. BERGER
digital

S. MARINO

Si corre quasi in casa Ferrari, siamo ad Imola per la tappa N° 2.

Pista veloce, di grandi consumi e ci vorrebbero ben più dei 150 litri che le macchine turbo hanno a disposizione. Questi aspirati senza limitazioni di benzina, con solo 500 chili di peso e piloti di gran calibro che cosa possono fare? Ma Imola è anche una pista veloce: ondulata e mista ma lineare con frenata, curva e tanta accellerazione verso punte velocistiche ad alto livello.

Ed ecco la doccia fredda: le prestazioni McLaren-Honda sono di un altro pianeta, la Ferrari in un certo senso arranca e gli aspirati possono mordere la coda solo a chi arranca. La McLaren non ha problemi, e non li ha neppure nel gestire i suoi due super-primi piloti Prost e Senna. Sì, perché qui non c'è il problema di avere il primo e il secondo pilota: ci sono due macchine, anzi tre perché il muletto usato da Senna a Rio ha dimostrato di andare come le vetture da gara, ci sono due macchine, insomma, che non richiedono strategie di squadra.

Prendete ed arrangiatevi. E Senna si arrangia più che bene; paga a Prost, e paga a tutti quanti, a suon di giri di distacco.

Dietro alle due McLaren il divertimento; una delle più belle gare di F1 mai viste. Turbo ed aspirati mischiati giro dopo giro con Berger, Piquet, Nannini, Patrese, Alboreto, Boutsen, Mansell in un Gran Premio che faceva venire la voglia di mettere la bandiera nera alle due McLaren per lasciare tutto lo spazio agli inseguitori.

La classifica finale conta poco; sorpasso ad ogni giro in frenata, in curva, in scia, la grinta dei piloti finalmente lasciata a briglia sciolta perché era solo con quella che si poteva guadagnare eventualmente una posizione.

Senna là davanti che intanto si porta a casa 9 punti e la sua prima vittoria McLaren.

Prost, un abitué di Imola, si deve accontentare del podio N° 2, ma si delinea con chiarezza il concetto di questo campionato: la McLaren e gli altri.

Bisogna individuare gli altri perché la Ferrari ha accusato duramente il colpo del consumo dei 150 litri imposti dal regolamento al suo turbo. La McLaren, o meglio il motore Honda li gestisce perfettamente, senza sprechi o perdite di progressione o di potenza massima.

A Rio le due Ferrari erano rimaste invischiate da Benetton e Williams, ma solo per pochi giri; a Imola l'invischio è indubbiamente peggiorato con tre Honda ai primi tre posti e quarta la Benetton di Boutsen. Ma la gara era andata, in senso assoluto, ancora peggio.

Gli aspirati mancano di grande affidabilità, i turbo a pressione ridotta ne hanno di più; per fortuna!

Anche questa seconda tappa mondiale lascia aperte delle speranze. La Ferrari però comincia a tremare: la scelta '88 di piazzare Barnard in Inghilterra a lavorare per l'89 e di piazzare la vecchia guardia '87 sui campi gara a proseguire il successo delle ultime gare dello scorso anno non sta funzionando.

È già in testa alla prima curva Ayrton Senna da Silva, mentre Alain Prost deve accontentarsi del secondo posto. Per il brasiliano è la rivincita del Gran Premio di Rio.

This race is being held in Ferrari's back yard; we are at Imola for this 2nd race. This track is fast, the fuel consumption is high, and the turbos will need a lot more than their available 150 liters.

It will be interesting to see what the non-supercharged cars, with the unlimited fuel supply, only 500 kilograms of weight and their first-rate drivers, will be able to do.

But the Imola track is also very fast; it has undulations, straightaways and curves, and permit very fast accelerations.

Then comes the cold shower: the McLaren-Honda performance is another thing altogether. In a certain sense, the Ferrari just limps along and the non-supercharged cars have all they can do to keep up within range of Ferrari's backwash. The McLaren breezes along with no problems of any kind, and the management of McLaren's super-first-place drivers, Prost and Senna, also goes without a hitch. Yes, no problems because you do not have a first and second driver.

There are two cars, or actually three, counting the reserve which Senna used at Rio and which performed just as good as the regular racing cars. Having the two cars in the race eliminated the need for a team strategy.

"Take the cars and get along as best you can". And Senna does more than just get along the best he can, and puts laps between him and the others.

And much fun was being had among the cars trailing the two McLarens.

It was one of the best races ever seen. Turbos and non-turbos mixing it up lap after lap with Berger, Piquet, Nannini, Patrese, Alboreto, Boutsen and Mansell in a Gran Prix event that made one wish the black flag could have flagged down the two McLarens to let the others battle it out alone. The final classification seemed to be of secondary importance. Cars passing at every opportunity, while braking, on curves, and on the straight sections. The drivers finally decided it was time to give full reign, because otherwise

obtaining a decent classification in the race would not have been possilble.

Prost - certainly no newcomer to Imola - had to be content with second place, and he made it clear that he disagreed with the concept of this championship series: "the McLaren and the others".

While the MacLaren's Honda turbo is very fuel efficient in obtaining the maximum power out of the engine, the Ferrari, on the contrary, has a very difficult time in meeting the 150 liters maximum limit imposed by regulations. At Rio the two Ferraris were being seriously challenged by the Benetton and the Williams, but that lasted only a few laps. At Imola the challenge was evidently more serious since the first, second and third places were won by three Hondas, with Boutsen in the Benetton taking fourth place. But in the absolute sense, it went even worse than that.

The non-turbos are not very reliable. Fortunately, the low-pressure turbos are more reliable!

This 2nd world championship race also leaves room for some hope.

The Ferrari group is beginning to get worried. Their 1988 decision to set Barnard up in England to get prepared for the '89 season, and to use the old '87 guard to carry on with the successes obtained in the preceding races, is just not working out.

At the first curve, Ayrton Senna has already taken the lead with Alain Prost having to be content in 2nd position. This is the Brasilian's big comeback after the Rio Grand Prix.

Anche Piercarlo Ghinzani, al volante della Zakspeed, si scompone nel tentativo di "rubare" qualche frazione di secondo.

Driving the Zakspeed, Piercarlo Ghinzani loses his cool while trying to "rob" a fraction of a second.

Andrea De Adamich, commentatore dei Gran Premi per
Telecapodistria, è testimone di un fitto dialogo fra Nelson Piquet
e Bernie Ecclestone, vice presidente della Federazione
internazionale.

Andrea De Adamich, Telecapodistria's Grand Prix commentator, is on hand at the animated conversation between Nelson Piquet and Bernie Ecclestone, the International Federation's vice president.

MONACO

La pista degli aspirati: finalmente i motori Honda in difficoltà; chissà quali innovazioni tecniche in casa Ferrari dopo la disfatta casalinga di Imola: Prost alla caccia di Senna in una pista da bandiera quasi francese.

Beh! lo sport è fatto anche di grande aspettativa che la stampa, i mezzi di comunicazione esaltano al massimo. Non si può certo vivere di soli comunicati stampa ufficiali dei diretti interessati.

Monaco, percorso cittadino, ma con la tradizione di una pista permanente, fuori dai canoni tradizionali del campionato, come diventerà in seguito anche il G.P. U.S.A. a Detroit.

A Monaco c'è l'accumulo esasperato di sponsors, ospiti, stampa, televisioni etc. e quasi si esce dai valori tradizionali della F1.

Lo schieramento è importante: partire davanti, non essere invischiati nel gruppo, non perdere contatto col diretto avversario.

Ma ci sono due visioni ben precise di questa strategia. Prost non deve perdere contatto da Senna, gli altri invece si daranno da fare al meglio magari anche confusamente. Non sembrano esserci speranze perché Senna ha una marcia in più; anzi, non una marcia, perché c'è l'impressione che la sua pista di Montecarlo sia un po' meno tortuosa di quella degli altri.

Senna fa peli a destra e peli a sinistra; anticipa le curve ed il conseguente derapage della sua McLaren; accellera dove gli altri stanno ancora col piede in attesa di vedere un pezzo in più di curva.

Ma! che gli abbiano dato una macchina migliore? Ed invece all'interno della squadra c'è un po' di nervosismo. Senna non segue ancora i canoni di obbedienza pretesi dal titolare Ron Dennis. C'è, nel brasiliano, un po' di residua abitudine ad essere l'unico, il solo pilota della squadra. Un'abitudine radicata ed oggi rafforzata dalla 3ª pole position consecutiva sulla griglia di partenza.

Ron Dennis però non molla e per mentalità e per contratto.

In ogni caso la pista della gara resta più diritta di quella degli avversari e Senna macina secondi di vantaggio giro dopo giro. Prost non combatte, un secondo posto gli va bene; è evidente, lo ha anche dichiarato: "combatterò nelle piste dove non ci sono dei rischi inutili da correre, perché qui Senna è imbattibile; ci spingono due motivazioni troppo diverse".

La Montecarlo degli aspirati crolla drammaticamente. 4 turbo ai primi 4 posti e dovevano essere 5, perché Senna impara una nuova lezione in questo Gran Premio: la gara si vince sotto la bandiera a scacchi e la sua gestione la deve valutare il pilota, mai i propri box.

12 giri al termine, 1 minuto di vantaggio su Prost, 2 giri lenti, 2 secondi al giro concessi agli avversari, ma evidentemente anche deconcentrazione.

La curva da 2ª, banale, che immette sul lungo mare; una curva inutile, una di quelle in cui non ci si può permettere di stampare il muso della propria macchina sul guard-rail come fa Senna.

Il ritiro, incredibile, la vittoria a Prost, Berger ed Alboreto secondo e terzo; quasi una festa, naturalmente tranne che per Ayrton.

Keke Rosberg (a sinistra, con il figlio) si è trasformato in un tranquillo padre di famiglia, mentre Michele Alboreto e il tecnico della Ferrari Maurizio Nardon (sotto) sono l'immagine dello sconforto.

Keke Rosberg (left, with his son) has become a staid family man, while Michele Alboreto and the Ferrari mechanic, Maurizio Nardon, (below) look very dejected.

Ritrova il sorriso Alboreto (sopra) nell'accogliere Cesare Romiti, amministratore delegato della Fiat.

Alboreto's spirits seem lifted as he greets Cesare Romiti, Fiat's general director.

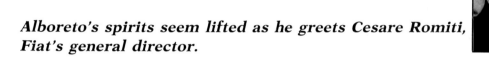

The non-turbo race track. The Hondas are finally in trouble. Who knows what technical innovations have been made by Ferrari after the poor showing in Imola? Prost chasing Senna on an almost French racetrack.

Well, sports also involves great expectations, and the press and other media exalt these expectations to the maximum. After all, one can't live on just official press releases from the parties that are directly involved.

Montecarlo is a city track which has the tradition of being a permanent track that goes beyond the traditional championship-event rules, as is later seen to be the case with the US Grand Prix at Detroit.

There was such an overabundance of sponsors, guests, journalists, TV cameras, etc. at Montecarlo that this event almost exceeded the traditional F1 value.

The important thing was to be in the front, if possible, not get involved with the pack, and not lose close contact with the adversary.

But there were two versions of this strategy. Prost was not to lose contact with Senna, and the others were to get along the best they could among themselves. There seemed to be little hope of Prost keeping up with Senna, because Senna's transmission had one more gear than Prost's, and because his Montecarlo track was a little less tortuous than those of the others.

Senna swung to the right and to the left and took the curves tightly, which caused his McLaren to skid. He sped up when others waited to see more of the curve before pressing down on the accelerator.

Could it be that he had a better car? On the other hand, the others on his team were a bit nervous, because Senna was not going by the rules set down by the owner Ron Den-nis. This Brazilian driver still had the habit of thinking that he was unique, the only driver on the team.

This ingrained habit had been further consolidated by his having obtained 3 pole positions in a row.

Ron Dennis, however, was not relenting, both because he was, set in his beliefs and because Senna had signed a contract with him.

At any rate, the track was still straighter for Senna than it was for his adversaries, and he gained more and more seconds as the laps went by. Prost did not strain himself; second place was good enough for him. As Prost explained, "I put up a battle on tracks that don't require running useless risks. Besides, Senna's unbeatable on this track, and our personal objectives are widely different".

The Montecarlo of the non-turbos had a dramatic fall; 4 turbos won the first four places, and there should have been five, because Senna learned a new lesson from this Grand Prix: the race is won under the checkered banner, and how the race should be run is up to the driver, not up to those in the pits.

12 laps to the end of the race, one minute advantage over Prost, two slow laps, two seconds per lap conceded to the adversaries, but this was also clearly due to lack of concentration.

The 2nd-gear curve-the one that leads onto the part that goes along the seashore - is a useless curve, and certainly not one that should be permitted to ramming your nose into the guardrail, like Senna did.

Senna incredibly drops out. Prost wins, Berger is second, and Alboreto takes third place. Everybody felt like celebrating, except Ayrton.

Oscar Larrauri ha appena gettato il kleenex con cui ha asciugato la visiera del casco appannata dalla pioggia.

*Oscar Larrauri has just thrown away the piece of Kleenex
that he used for wiping the rain off his helmet visor.*

Un'immagine insolita a Montecarlo;
Eddie Cheever al volante
della Arrows di Derek Warwick

An unusual image from Montecarlo;
Eddie Cheever driving Derek Warwick
Arrows car.

Provando sotto la pioggia. Non lo è, ma potrebbe essere il titolo di un film ambientato a Montecarlo il sabato precedente la corsa più celebrata di Formula 1.

Test runs in the rain. Sounds like a movie title, the kind that would be very suitable for a film shot in Montecarlo on the afternoon preceding the Formula 1's most celebrated race.

MEXICO

2.000 metri di altitudine sul livello del mare: nessuna speranza per i motori aspirati. Il turbo perde circa 3/5% della sua potenza, l'aspirato il 15/20%; l'eventuale battaglia è quindi insostenibile.

La pista è sconnessa (al solito), pericolosa in certi punti: i piloti possono metterci un po' della loro grinta, ma al solito sono le McLaren quelle da guardare, con Senna che macina pole position!

La pista dedicata ai fratelli Rodriguez ribadisce una volta di più che nessuno ha ancora individuato il segreto McLaren o il segreto Honda; gli avversari sono lontani ed il ritmo incalzante dei gran premi impedisce alle varie scuderie di modificare gli indirizzi tecnici elaborati durante l'inverno.

Gli addetti ai lavori si domandano: "ma che bel campionato avremmo avuto se non ci fossero state le 2 McLaren?".

E la Honda intanto ha messo in pista un motore speciale per questo gran Premio. La lotta, quindi, di fatto non esiste: tutti gli altri turbo hanno evoluto telai e motori della stagione '87, predisposti per maggiori pressioni del turbo e maggiori prestazioni del motore.

La Honda e la McLaren hanno investito per i nuovi prodotti che moriranno, per termine del regolamento, a fine anno.

Un grande investimento da ammortizzare in 16 gare.

Gli aspirati hanno lavorato bene sui telai, un po' meno sui motori; Benetton, March, Minardi, Dallara-Italia, Williams considerano l'88 il trampolino per il prossimo campionato, sperando così di partire avvantaggiati. Un po' presto per verificarlo: vedremo l'arrivo della Ferrari/Bernard, vedremo l'arrivo della McLaren aspirata; solo allora la concorrenza saprà giudicare l'eventuale vantaggio acquisito.

Ma torniamo alla gara: un'emozione al via con Prost che brucia Senna, si piazza in testa e con un po' di tira e molla porta la sua McLaren sotto la bandiera a scacchi. Senna ci resta proprio male; pensava fosse la sua gara e soprattutto voleva recuperare lo svantaggio di punti e di morale dell'incidente di Montecarlo.

A dispetto dei 2.000 metri e dell'aria rarefatta 6 turbo occupano tutti i punteggi mondiali con 2 McLaren, 2 Ferrari e 2 Arrows.

La grande speranza Nannini non riesce mai a capitalizzare le prestazioni delle prove; ma questo pilota-personaggio, il più genuino della Formula 1, è ormai proiettato verso l'olimpo dei big.

Il movimento piloti lo vedrà ancora in squadra Benetton l'anno prossimo, ma ad armi teoricamente pari; sarà la verifica migliore.

La doppietta McLaren in ogni caso non fa una grinza; per fortuna, si dice, che la bandiera nera a Rio e un errore a Montecarlo hanno eliminato Senna, altrimenti...

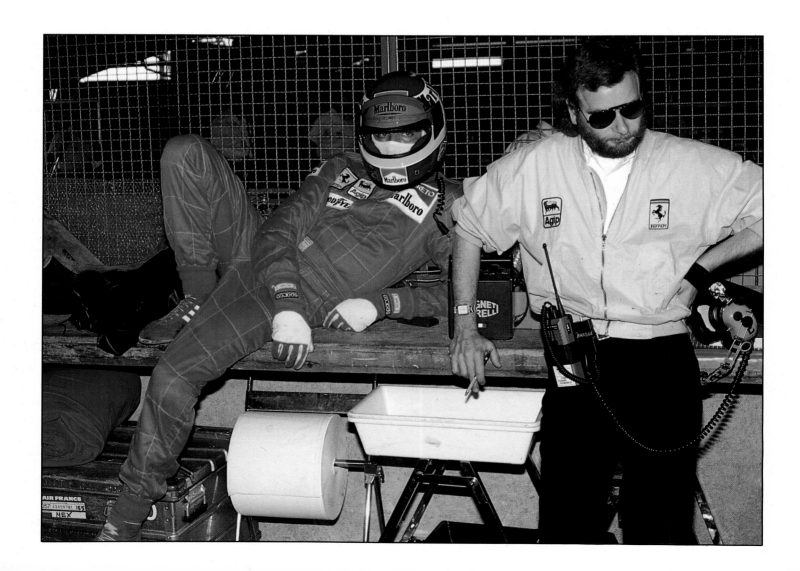

2,000 meters above sea level. No hope for non-supercharged engines.

The turbo engine loses 3-5% power, while the non-turbo engine loses 15-20% of its power. There thus cannot be any real battle.

The track is in bad shape, as usual, and is even dangerous in some points. The drivers can still use a bit of their audacity, but the McLarens are the ones to watch, with Senna in the pole position!

On this track dedicated to the Rodriguez brothers, both the McLaren and the Honda once again show that no one has been able to discover their secrets. The others are left far behind, and the accelerating rhythm of the Grand Prix events prevent the various teams from making any changes in the technical settings established during the winter.

The general feeling among all those involved in the race was: "What a nice race we would have had if those two McLarens hadn't been in there".

The Honda used in this Gran Prix was specially prepared. There was actually no contest. All the other cars had frames and engines prepared for the '87 season, with higher turbo pressure and higher engine horsepower.

Honda and McLaren invested in new products that, as required by the rules, will no longer be usable by the end of the year.

A large investment that needs to be amortized in 16 races. The frame design for the non-turbos is better than the engine design. Benetton, March, Minardi, Dallara-Italia and Williams consider '88 as the springboard for the next championship series, and they thus hope to have the advantage. It is a little early to tell, howewer. When the Ferrari/Bernard and the non-turbo McLaren make their appearance, the competition will be able to judge if they have acquired any advantage.

But getting back to the race, Prost taking a fast lead over Senna at the outset, and managing to keep it throughout the race to come in the winner, was a big disappointment for Senna. He was sure he was going to win it, and he especially wanted to make up for the Montecarlo accident, where he not only lost points, but was also a blow to his morale.

In spite of the 2,000 meter altitude and the rarefied air, all the championship points were won by 6 turbo cars: 2 McLarens, 2 Ferraris and 2 Arrows.

Nannini - the big hope - was not able to capitalize on his test-run performance. Nannini is the Formula 1's most authentic driver, and this personage is already on his way to becoming a truly outstanding driver.

He will still be with the Benetton team next year, but theoretically on an equal standing. This will be his best test. The McLaren pair, in any case, were impeccable. They say that it was a lucky thing that the black flag at Rio and the error at Montecarlo had eliminated Senna, otherwise.....

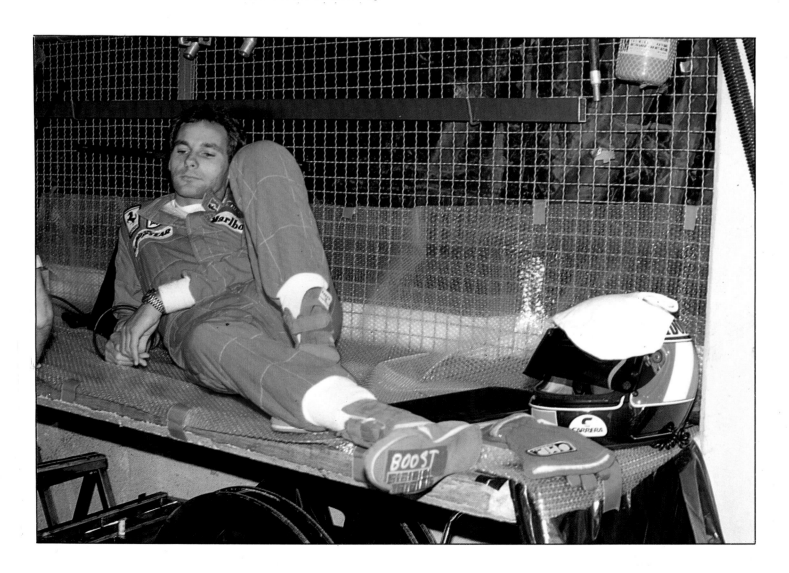

CANADA

*In Canada si corre nel nome di Gilles Villeneuve,
l'indimenticato e indimenticabile campione della Ferrari, il
cui mito continua ad ingigantirsi nel tempo.*

In Canada, the races are held in the name of Gilles Villeneuve, the unforgotten and unforgettable Ferrari champion whose legend continues to grow greater and greater with the passing of time.

L'organizzazione FOCA della F1 ha caricato tutto il parco macchine a Mexico City e con un vero e proprio "convoy" di super-tir lo ha trasferito a Montreal.

Percorso cittadino, ma pista all'altezza dei migliori circuiti permanenti, con una media sul giro più veloce al di sopra dei 190 Kmh.

C'è qualche speranza per gli aspirati perché si parla di consumo; è l'unico elemento, per ora, che movimenta l'evoluzione delle gare. In prova infatti Prost/Senna o meglio Senna/Prost, con la sensazione che Prost ormai ragioni sul fatto che, in ogni caso, per piano che vada, parte sempre in prima fila. E poi il miglior tempo parte dal lato del percorso con meno grip, fuori dalla traiettoria dei pneumatici. Finisce che chi ha il 2° tempo è più avvantaggiato al momento di scaricare tutti i cavalli alla luce verde del semaforo start.

I numeri in prova non si contano, anche per la modifica, davanti ai nuovi box, della pista con una chicane da 5a, ma da brivido.

Al via però sembra di assistere ad una fotocopia del Gran Premio precedente e Prost va in testa dalla 2ª posizione, guadagnando su Senna che, sotto il casco, deve avere il fumo che gli esce dal naso! La Minardi non ha qualificato una volta di più Campos e lo spagnolo annuncia qui il suo abbandono, lasciando il posto ad un italiano, Pierluigi Martini, fin dal prossimo Gran Premio a Detroit.

Nannini, velocissimo in prova, ha subito problemi e così il suo compagno di squadra può dimostrare quanto valgono gli aspirati in questa gara.

Intanto Senna ha smesso di bluffare: Prost è penalizzato dal suo computer di bordo; non ci sono più dati di consumo e di temperature. L'ordine dai box è perentorio; per sicurezza Alain deve ridurre la pressione del turbo. Na-turalmente arriva subito Senna; ordini di scuderia non ce ne sono, infila il suo compagno e va a vincere. La fotocopia del Mexico c'è stata solo per una ventina di giri, anche se la doppietta McLaren resta confermata.

La Ferrari sprofonda; Berger ed Alboreto vanno K.O. e quindi per Maranello non c'è solo il problema delle prestazioni ma anche quello dell'affidabilità!

La Benetton continua ad essere l'aspirato più efficace, anche sotto la bandiera a scacchi, con Boutsen che sale addirittura sul podio. E pensare che la Benetton sta puntando tutto su Alessandro Nannini, anche perché il futuro del pilota belga non è per ora nella squadra italiana. È una dimostrazione di serietà e professionalità poter verificare che i materiali messi a disposizione dei due piloti sono identici: 3 vittorie e 2 secondi per Prost, 2 vittorie ed 1 secondo per Senna. Per tutti gli altri briciole, anche se il 5° posto di Capelli ed il 6° della Tyrrell di Palmer sono una buona soddisfazione per questi due piloti.

The FOCA Formula 1 organization loaded the whole auto park at Mexico City onto super-TIRs and took it to Montreal in what was a regular "convoy".

Although Montreal is a city track, it rates with the best permanent racetracks, with an average lap speed of over 190 km/hr.

Fuel consumption seems to be a concern and, therefore, there is some hope for the non-turbos. This is the only aspect that is motivating the evolution of this race. During the tests, it is Senna/Prost, with the feeling that Prost figures that even if he goes slowly, he will still be in the first row. Furthermore, the better time takes off from the unworn part of the track, which provides a better tire grip. So, the one who gets the second best time has the advantage when the green light goes on.

The tests run on and on, particularly because of the scary 5th-gear chinane in front of the new pits.

The start of the race looks like an exact repeat of the preceding Gran Prix. Prost, in the second position, immediately takes the lead away from Senna, which must have brought fumes out from under his helmet!

Once again, the Minardi did not qualify. Compos, the Spaniard, thereupon decides to bow out, leaving his spot to an Italian, Pierluigi Martini, until the next Detroit Grand Prix.

Nannini, who was very fast in the tests, soon had problems, thus leaving his teammate to demonstrate how well the non-turbo can perform in this race.

Meanwhile, Senna calmed down, while Prost was penalized by his onboard computer: no more consumption and temperature data. The orders from the pit were peremptory. Alain had to reduce the turbo pressure. Of course, Senna barreled right up to him. No orders came from the pit, so he passed him and went on to win. The repeat of the Mexican race only involved about the first 20 laps, even if the McLaren couple remained confirmed.

The Ferrari got lost in the shuffle. Berger and Alboreto were put out of commission. Maranello now not only had performance problems, but also reliability problems.

The Benetton still proved to be the most effective non-turbo, and Boutsen even placed and got up on the awards podium. And to think that Benetton is still betting everything on Alessandro Nannini, also in view of the fact that Boutsen, a Belgian, is still not on the Italian team. With both Prost and Senna driving identical cars, Prost's three 1sts and two 2nds, and Senna's two 1sts and one 2nd, demonstrates their seriousness and professionalism.

The crumbs were left for the others, although Capelli's 5th place and Palmer's 6th place in his Tyrrel are something of which they can both be proud.

Scene da un Gran Premio, con i meccanici della Ferrari
insoliti naufraghi, Capelli e Gugelmin che fanno i
giapponesi, e l'abituale champagne per Senna e Prost.

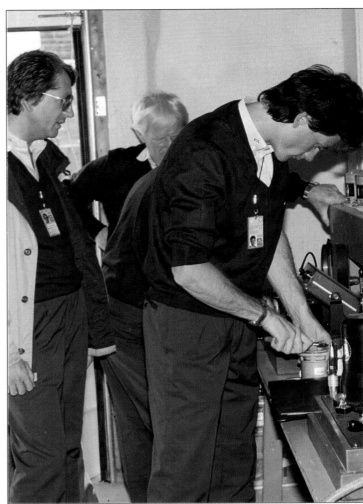

*A Grand Prix scene, with the Ferrari mechanics in the unusual
position of being at a loss as to what to do, Capelli and Gugelmin
playing it like the Japanese, and champagne as usual for Senna and Prost.*

U.S.A.

Visto Detroit, ogni altro percorso diventa bello, facile e divertente.

Fa impressione questo contrasto fatto di grattacieli e F 1, di pista parallela alla strada dove passano taxi ed autobus, di curve a 90° addobbate di tombini e rotaie del vecchio tram.

Beh, lì sopra ci passano i 600 e rotti cavalli delle F 1 e guai a sbagliare traiettoria perché il deterioramento dell'asfalto non perdona; i muretti e protezioni posticci perdonano ancora meno. Il 1989 vedrà questo gran premio trasferirsi su di un'isola quasi abbandonata di Detroit, ed allora la gara diventerà una cosa seria. Intanto, in prova, nella chicane messa per rallentare il passaggio davanti ai box, si impianta Ivan Capelli.

Una chicane inutile e pericolosissima; ogni piccolo errore qui si paga caro; infatti Capelli si frattura un ossicino del piede sinistro in un incidente che sembrava molto più grave.

Ma nello schieramento di partenza, un po' anche per le caratteristiche del percorso ed il deterioramento dell'asfalto, il sorriso torna in casa Ferrari: Berger ed Alboreto sono 2° e 3°, davanti a Prost. Senna naturalmente è davanti a tutti.

Si parla molto di Ferrari; la salute dell'Ing. Enzo è in crisi; la Fiat su richiesta dello stesso Ing. Ferrari, si sta interessando direttamente della gestione sportiva; la pianificazione del dopo-Ferrari è di fatto già cominciata, anche se nessuno lo vuole dichiarare apertamente.

Ma il risultato delle prove è un po' un imprevisto favorevole, non l'applicazione di nuove strategie.

Il prodotto F 1 a disposizione è ancora quello del Messico; sarà la gara, dalla luce verde alla bandiera a scacchi, a dire la verità sulle prestazioni.

Gli aspirati sono tutti lì, a mordere la coda alle 2 McLaren ed alle 2 Ferrari.

Ma, pronti via ed in pochi giri ecco le due bianco-rosse prima e seconda.

Non c'è niente da fare, persino lo spettacolo di lotta tra Ferrari ed aspirati crolla: Alboreto è silurato da Nannini, Berger parcheggia la sua Ferrari "forata" e tutto finisce lì.

La pista diventa un percorso di guerra; Senna sembra a suo agio come a Montecarlo, ma qui non perde concentrazione. Prost è contento di essere secondo; Boutsen 3° non crede ai suoi occhi, pensando al podio consecutivo che gli spetta.

Il belga addirittura rinuncia a sdoppiarsi per non dover fare un terribile giro in più.

De Cesaris, 4°, conferma le sue prestazioni da big delle squadre di serie B e Martini dà alla Minardi, in questo suo secondo debutto, il primo punto mondiale suo e della squadra. Un rientro alla grande; tutti felici, naturalmente quelli che passano sotto la bandiera a scacchi.

In comparison with the Detroit track, all other tracks are beautiful, easy and a lot of fun. The contrast between the skyscrapers and this F1 track, which runs parallel along streets carrying taxi and city bus traffic, with its 90° turns, manhole covers, and old trolley tracks is quite disconcerting.

The 600 + hp F1's have to run in the face of all this, and big trouble is in store for anyone who cannot control his steering 100%, because the deteriorating asphalt road top, concrete guard walls and special protective barriers do not permit the slightest error.

In 1989, this event will be transferred to an almost deserted island of Detroit, which will make it a more serious race. Meanwhile, Ivan Capelli has an accident during the test runs while he takes the chicane designed to slow the cars down in front of the pits.

This useless chicane is very, very dangerous. Even the smallest error can have serious consequences. Fortunately for Capelli, what looked like a very serious accident only caused him to have one of the small bones in his left foot broken.

At the start of the race, the Ferrari fans got a big lift because Berger and Alboreto were in the 2nd and 3rd positions in front of Prost. They may have been helped by the condition of the asphalt and by the particular characteristics of the track. Of course, Senna was in the lead.

The Ferrari has been the subject of a lot of discussion of late.

Enzo Ferrari's health is failing, and he has asked Fiat to take over the management of his racing division. What will be done after Ing. Ferrari is no longer with us is already in the planning phase, although no one wants to come right out and say so.

The favorable test-run results were unexpected, and not due to the application of a new strategy.

The F1 used in Mexico was the one being used for this Detroit race, and there was no way of evaluating its performance until the race was over.

The non-turbos were all there trailing along behind the 2 McLarens and the Ferraris.

Within the first few laps, the two white and red cars were in the 1st and 2nd positions.

But there was no hope. Even the battle between the Ferraris and the non-turbos falls flat. Alboreto is torpedoed by Nannini, Berger parked his Ferrari, and that was the end of it.

The track became a warpath. Senna seemed right at home, like he is on the Montecarlo track. But he did not lose his concentration here. Prost settled for 2nd place and Boutsen, who came in 3rd, still couldn't believe it as he took his place on the podium.

The Belgium driver had even given up the idea of picking up the lap he lost so as to avoid having to do an extra terrible lap.

De Cesaris came in 4th, thus confirming his top-performance status in the teams belonging to the B-Series. Martini - in this second debut of his - gave Minardi his and his team's first world championship point. Thus, it was a victorious and happy homecoming, except, of course, for those who did not make it across the finish line.

TELEMETRIA

Usata originariamente per scopi militari, la telemetria è ormai entrata nel mondo della F1 per permettere la misurazione a distanza di dati registrati sulla vettura da microprocessori.

Tali dati trasmessi via etere ai box permettono di decidere la strategia di gara ed inoltre l'elaborazione di valori necessari per lo sviluppo del motore, del telaio e delle parti elettroniche.

TELEMETRY

Telemetry was originally used for military purposes, but it has now become part of the F.1 world for long-distance measurement of the data recorded by the microprocessors located on the vehicles. These data are radioed to the pits and permit decisions to be made regarding race strategy. Engine, frame and electronic-equipment data are also processed to permit making improvements on these components.

Gara dopo gara, s'impone all'attenzione generale la Scuderia Italia, la squadra voluta da Beppe Lucchini, giovane industriale bresciano. Nel Gran Premio di Le Castellet conclude la gara al decimo posto.

The Scuderia Italia - a team sponsored by the young industrialist from Brescia, Beppe Lucchini - has been drawing more and more attention, race after race. It placed 10th in the Le Castellet Grand Prix.

*Paul Newman è un abituale protagonista del lungo week end motoristico di Detroit.
Non ovviamente nel Gran Premio di Formula 1, ma in una gara di contorno, riservata a
vetture Turismo modificate.
Negli Stati Uniti la specialità si chiama Trans Am e gode di ampia popolarità.
Il divo di Hollywood ha scoperto il mondo dell'automobilismo sportivo interpretando
anni fa un film dedicato ad Indianapolis, "Winning". Questa nuova passione lo ha
portato a correre e a divenire proprietario di una scuderia, quella per cui corre
Mario Andretti.*

Paul Newman is a regular protagonist of the long-week-end races in Detroit. Not in Formula 1 races, of course, but in the so-called Trans Am races, involving modified stock cars, which are very popular in the US.
This Hollywood star got interested in car racing years ago while acting in a picture called "Winning", a story based on the Indianapolis races.
He fell in love with this sport and subsequently became the owner of a racing team, a member of which is Mario Andretti.

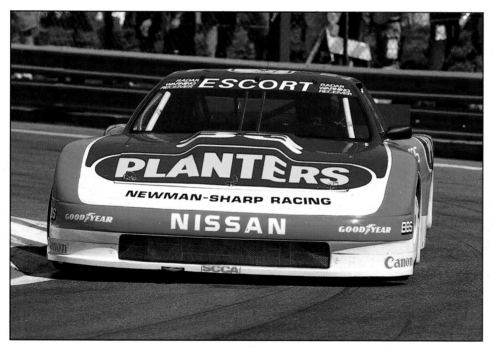

S'ingigantisce nell'obiettivo di Daniele Amaduzzi la McLaren di
Alain Prost, ma quello di Detroit non è mai stato il circuito
ideale per il campione francese, che si trova più a suo agio sui
classici circuiti europei.

Alain Prost's McLaren is enlarged by Daniele Amaduzzi's lens, but the French champion feels much more at home on the classic European tracks than he ever has on the Detroit track.

FRANCE

CIRCUIT PAUL RICARD

Una pista vera; dopo le perplessità di Detroit il Paul Ricard, con il suo curvone di Signes a 300 all'ora, fa respirare nuovamente chi vede nella Formula 1 l'espressione della potenza e della velocità.

Una pista da turbo, ma che può premiare l'agilità dei 500 chili di un aspirato e la grinta di un pilota capace di tenere giù il piede e restare in traiettoria anche con poco carico aerodinamico.

Il percorso, forse unico nel suo genere, permette agli addetti ai lavori di spostarsi lungo una stradina interna, in modo che si possano andare a controllare i numeri dei protagonisti in ogni curva e frenata.

E senza il rischio di muretti, guard-rail a qualche centi-metro e curve cieche, ognuno (dei piloti) riesce a tirar fuori i limiti propri e della macchina.

Stranamente Alain Prost dà la zampata: toglie a Senna la 7ª pole-position record consecutiva e si piazza davanti a tutti. Sereno, contento di questa prestazione casalinga, Prost è fiducioso per la gara come non mai.

È scontato qui di avere la 1ª fila McLaren, la 2ª Ferrari, ma è una buona sorpresa di trovare la 3ª tutta di Benetton, e poi stranamente la 4ª tutta Lotus, anche se fa un po' impressione la posizione di Nakajima a fianco del suo 1° pilota, campione del mondo in carica, Nelson Piquet.

Il fatto di avere le prime otto macchine affiancate a 2 a 2, per squadra su ogni fila, sta a significare che il nuovo Paul Ricard in realtà ha perso competitività e che le prestazioni delle vetture prevaricano nettamente il talento dei piloti. Il nuovo tracciato corto, da 1' e 08'' al giro, lascia forse poco spazio alla creatività di chi gestisce l'abitacolo.

Ma se questi erano i ragionamenti alla fine delle prove, la gara ha sconvolto, forse per la prima volta in questo 1988, le valutazioni degli esperti. Prost e Senna si sono dati battaglia: 30 giri Prost inseguito da Senna, 30 giri Senna inseguito da Prost, la bandiera a scacchi per Prost, dopo un sorpasso mozzafiato tra le due McLaren.

Sullo schieramento di questo gran premio francese c'è stata anche la definitiva conferma della crisi tecnica in casa

Ligier: nessuna delle due vetture è riuscita a qualificarsi;
un vero disastro. Invece De Cesaris si conferma velocissimo e la scuderia Italia comincia a considerare il suo pupillo Alex Caffi, un'ottima scelta per il suo futuro.
I colori italiani continuano a migliorare di qualità.
La gara dunque conferma la lotta aperta per il primato
tra Prost e Senna, senza ordini di scuderia nella gestione
di gara. Un campionato fortunatamente aperto ai due big
della McLaren, che con il gioco degli scarti resterà aperto fino alla fine. La Ferrari conferma la sua crisi di consumo ed Alboreto, finalmente si prende la soddisfazione
di precedere Berger, in una gara gestita con l'occhio al
consumometro più che alla posizione degli avversari.
Alessandro Nannini si consola con un altro punticino mondiale, ma sul podio Prost è raggiante, Senna è seccato, Alboreto sembra abbia vinto il gran premio.

After the perplexing Detroit track, the Paul Ricard - a "real" racetrack, with its 300 km/hr Signes curve - was a breath of fresh air for those who consider the Formula 1 an expression of power and speed. This is a turbo track, but it can also reward the agility of a 500-kg non turbo and the audacity of a driver who can keep the pedal down and control his trajectory even with little aerodynamic loading. This track - which is perhaps the only one of its kind - permits the personnel connected with the race to take positions along an internal roadway so as to be able to check the numbers of the protagonist at every curve and braking point. And with no walls or guardrails dangerously close to the track, and without any blind curves, the drivers can perform to the best of their ability and get the best performance out of their cars.

Strangely enough, Alain Prost pulls out his claws and abruptly halts Senna's record string of 7 pole positions and comes in the winner.

Feeling very calm and happy about his performance in his home country, Prost was more confident than ever about winning the race.

Of course, it was no surprise to see the McLarens in the first row and the Ferraris in the second, but it was surprising to see the Benettons in the 3rd and then, strangely, the Lotus' in the 4th, especially with Nakajima next to his first driver, Nelson Piquet, the incumbent world champion.

The fact that a complete team occupied each of the first four positions indicated that the new Paul Ricard racetrack had actually lost its competitiveness, and that car performace definitely prevailed over driving skill. The new track being rather short - a lap taking 1 min and 8 sec. - probably does not permit the driver enough time to put his creativity to advantage.

While this may have been the general opinion held by the experts at the end of the test runs, this 1988 race - perhaps for the first time - raised havoc with the experts' opinions. Prost and Senna engaged in an out-and-out battle. For the first 30 laps, Senna was at Prost's heels; for the last 30 laps. Prost was at Senna's heels, with Prost cutting the finish line after a breath-taking pass at the last minute.

This French Grand Prix was also the definitive confirmation of Ligier's technical crisis. Neither of the two Ligiers qualified; it was a real disaster.

De Cesaris, on the other hand, clocked a very fast time, and the Italian team has begun taking into consideration De Cesaris' pupil, Alex Caffi, who shows excellent promise for the future.

The Italian colors continue to improve in quality.

This race, therefore, underlined the open struggle that is still going on between Prost and Senna for the world title, without any orders being received from team headquarters as to how they should conduct the race. This battle for the title, which fortunately concerns these two important McLaren drivers, will remain an open battle to the very end.

The Ferrari confirms its fuel consumption crisis, and - in a contest that involved watching fuel consumption rather than the position of the adversary - Alboreto finally got the satisfaction of beating Berger.

Alessandro Nannini consoled himself with his one more world championship point, and with Prost all smiles on the podium, while Senna scowled, Alboreto looked like he had won the Grand Prix.

ALBORETO :4:
−3 : :7 BERGE
+11 :5 PIQUE
66 :LAPS

BERGER :3
−5 :8 SENNA
+3 :7 ALBOR
66 °LAPS

The colors and sounds of the Grand Prix of the French Auto Club, the first edition of which was in 1906, making it history' oldest Grand Prix event.

DOM

Altra pista Vera con V maiuscola. Ci hanno messo una chicane da 2ª, ma la media resta da capogiro e Silverstone richiede prestazioni da piede pesante. Non basta essere veloci in rettilineo, anzi l'assetto e l'aerodinamica devono essere ottimati per i lunghi curvoni a destra della pista inglese. Sono curvoni da 5ª; tocco leggero dei freni arrivando in 6ª, scalata di una marcia, e giù il piede sull'accelleratore. L'effetto aerodinamico è importante, ma deve caricare l'aderenza senza creare resistenza all'avanzamento. L'altro elemento di preoccupazione è il consumo; per tutti i turbo, un po' meno, al solito, per le McLaren.

I turbo però in prova non hanno problemi in prova l'effetto litri benzina non conta e tutti possono tirare al massimo. La squadra Ferrari ha ufficializzato la partenza di Alboreto a fine stagione e l'ingaggio di Nigell Mansell a fianco di Berger.

Enzo Ferrari sta decisamente male... e le scelte sportive Fiat hanno creato qualche sconquasso. Perso Postelwithe, altri tecnici stanno lasciando Maranello senza creare apparenti preoccupazioni a Torino. La nuova era Ferrari sta prendendo sempre più piede. La Williams intanto abbandona le sospensioni attive ed in una notte modifica le sue tre macchine con molle ed ammortizzatori.

Il pubblico inglese è in festa per la conferma di Mansell in casa Ferrari l'anno prossimo, e come una cabala, ecco il fulmine a ciel sereno: venerdì primo Alboreto secondo Berger, incredibile; sabato primo Berger secondo Alboreto. Una prima fila che esce dalle statistiche di questo 1988, che dà un po' di scompiglio e speranza per questa gara che segna esattamente la metà stagione. Incombe la preoccupazione consumo per il Gran Premio, ma anche le previsioni meteo sono drammatiche perché l'aereonautica inglese dice che pioverà.

Ed il bagnato, in una pista così veloce, ma così piena di curvoni veloci può aprire il risultato ad ogni pronostico.

E domenica piove; quanti dubbi, quali problemi nel decidere assetto ed aerodinamica. La pista resta veloce anche sul bagnato e le sospensioni non si possono ammorbidire più di tanto.

Ma al via tutto si chiarisce velocemente; pochi giri ed Ayrton Senna è al comando, insensibile quasi agli spruzzi tirati su dalla Ferrari di Berger.

Alboreto è presto risucchiato dagli aspirati che in queste condizioni si muovono bene.

A questo punto però manca all'appello Prost. Dov'è il francese? Doppiato, si ritira, perché il bagnato in queste condizioni non fa per lui che non vuole correre rischi. Il campionato è lungo, alcuni risultati si scarteranno, potendone utilizzare solo 11 su 16 gare.

E il primo dei fatti clamorosi di questo Silverstone; il secondo è la rimonta di Mansell, unito alla prestazione entusiasmante di Alessandro Nannini tutto preso tra recuperi e testa-coda.

Senna intanto è tranquillo al comando, mentre le 2 Ferrari, quelle che al via occupano la prima fila, sono in tilt. Avrebbero bisogno di 200 litri di benzina, non 150.

Alboreto va al rallentatore e Berger taglia il traguardo a motore spento.

Un turbo Honda precede 3 aspirati per una pista da 240 di media, è un bel record.

Momenti di gloria per Alessandro Nannini nel Gran Premio d'Inghilterra, dove per la prima volta nella sua carriera è riuscito a salire un gradino del podio, anche se il più basso.

A bit of glory for Alessandro Nannini after the English Grand Prix, where he got his first taste of what it feels like to get up on the podium, even if it only was lowest one of the three.

This is another "Real" track with a capital "R". It has a 2nd-gear chicane, but the average speed for the rest of this Silverstone track is way up there and calls for a heavy foot on the accelerator. Just being fast on the straight stretches is not enough. The car's aerodynamic design and stability have to be perfect for taking this English track's long right-hand curves. These are 5th-gear curves. Approaching in 6th, the brakes are touched lightly and, after shifting down into 5th, the driver bears back down on the accelerator. The aerodynamic effect is important, but it should increase road holding without increasing drag. Another thing to worry about is fuel consumption; this holds for all the turbos except, of course, for the McLarens.

During the tests, however, this is no problem; fuel consumption during the tests does not enter into the picture, and everybody can tromp down to the maximum. At the end of the season, the Ferrari team made it official that Alboreto will start off, and Nigell will be hired to team with Berger. Enzo Ferrari is failing fast, and the Fiat take over is causing a certain amount of furor. With Postlethwaite gone, other engineers are leaving Maranello, which does not seem to be causing any worry in Turin. The new Ferrari era is becoming more and more consolidated.

Meanwhile, overnight, Williams abandoned its active suspensions and provided its three cars with springs and shock absorbers.

The English are overjoyed with the news that Mansell will drive for Ferrari next year. Then, out of the blue - like a cabala - Alboreto's 1st and Berger's 2nd on Friday, and Berger's 1st and Alboreto's 2nd on Saturday. This 1988 event's first row defies the statistics and somewhat upsets the hopes for this mid-season race.

There is a good deal of worry about fuel consumption, but the weather outlook is also a worry because the forecast is for rain.

Under wet conditions, such a fast track - with its wide fast curves - makes any kind of prognostication of the results anybody's guess.

And Sunday it rained, which causes a lot of problems and doubts as regards the aerodynamic settings. The track was still fast, and only so much stiffness can be taken out of the suspensions.

But, once the race got under way, the whole situation quickly became quite clear. Ayrton Senna did not seem to even notice the spray from Berger's Ferrari and took an early lead.

Alboreto was quickly sucked up by the non-turbos that perform well under these conditions.

But where was Prost? What happened to the Frenchman? Not at all liking wet conditions - he hates taking unnecessary risks - he was lapped and decided to drop out. It is a long championship series and results will be discarded, allowing only 11 out of 16 races to be utilized.

Prost's drop-out was the first sensational event in this race. The second was Mansell's impressive gaining and the very exciting performance shown by Alessandro Nannini, who was giving his utmost to recuperate after a spin-out. Meanwhile, Senna was breezing along in the lead, and the two Ferraris that were in the first row at the start were in trouble. They needed 200 liters of fuel instead of just 150. Alboreto seemed to be going along in slow motion, and Berger's engine was dead when he crossed the finish line. A Honda turbo coming in ahead of 3 non-turbos on a track that has an average speed of 240 km/hr is quite a record.

Silverstone, in una piovosa domenica di metà luglio, ovvero quando un Gran Premio torna ad essere un'eroica avventura.

When a Grand Prix can again become an heroic adventure:
Silverstone on a rainy Sunday in mid-July.

W. GERMANY

Non si parla che del ritiro di Alain Prost a Silverstone. Si scatenano anche le polemiche sulla stampa francese: "Alain pensa al ritiro a fine stagione", "Alain ha perso la voglia di rischiare".

In casa Ferrari, invece, si cerca di capire come si è riusciti a consumare tanto sotto l'acqua. Forse Hys potrebbe rispondere, ma quello ormai ride in casa Renault. Senna ha salvato l'onore McLaren e si presta a farlo anche qui in Germania, perché le previsioni meteo sono preoccupanti anche se siamo a fine luglio. La media di Hockenheim è in linea con quella di Silverstone, ma le caratteristiche del tracciato sono molto diverse. Qui si frena, curva secca ed accelerazione. Il breve misto intorno ai box non è sufficiente a trasformare questi concetti di gestione della guida della Formula 1. Nonostante questi problemi la McLaren ritorna in prima fila. Senna colleziona la sua settima pole position stagionale bruciando Prost che voleva riscattare la figura inglese. Le due McLaren sono vicine, 3/10 di differenza, ma dietro a loro le due Ferrari hanno rispettivamente 1 secondo e 6/10 e 2 secondi e 6/10 di distacco.

Nannini e Capelli volano con la Benetton e la March. Si pensa sempre di più a quanto belle saranno le gare del prossimo anno quando saranno tutte vetture aspirate a lottare per lo schieramento e per la bandiera a scacchi. Due giorni di prove non sono serviti a nulla, quando domenica le Formula 1 si schierano al via su pista bagnata. Tutto da rifare su questo percorso pericolosissimo sotto l'acqua. La parte veloce infatti attraversa il bosco e gli alberi impediscono lo sfogo verso l'alto delle colonne d'acqua tirate su dai pneumatici nei lunghi e veloci rettilinei. E ci sono i due dubbi di Silverstone che incombono; Alain Prost come si comporterà con questo bagnato tedesco? E la Ferrari consumerà ancora così tanto da non poter gestire i 44 giri della gara tedesca con i soliti 150 litri di benzina?

Pronti via, Senna vola via, Prost è mangiato dal gruppo, dalle Ferrari soprattutto, e subito si pensa ad un secondo clamoroso ritiro.

Invece l'orgoglio di Alain salta fuori e le 2 McLaren dopo qualche giro sono già in doppietta, davanti alle 2 Ferrari. Nannini riesce a stare in gara fino a pochi giri dalla fine, precedendo Alboreto. Poi via libera per Michele ed un buon 4° posto in classifica finale. Il dramma consumo inglese viene così cancellato.

Capelli finalmente finisce a punti, 5° e primo degli aspirati. Anche il piede sinistro, quello rotto a Detroit, è ormai dimenticato.

È la 6ª doppietta McLaren, la 9ª vittoria consecutiva della squadra.

L'ambizione è di vincere tutti e 16 i Gran Premi e tutto fa pensare che sia facilmente possibile. In casa Ferrari c'è molta tensione per le condizioni dell'Ing. Ferrari, mentre si cominciano a delineare i piani e l'organigramma per il 1989. Ma intanto si pensa al prossimo Gran Premio a Budapest; una pista che, unica del mondiale, potrebbe far vivere un'anticipazione del prossimo anno: è una pista da aspirati.

Everyone was talking about Alain Prost's dropping out at Silverstone.

A lot of polemics were also going on in the French press: "Alain is thinking about retiring at the end of the season. "Alain has lost his willingness to risk".

In the Ferrari camp, on the other hand, they were trying to figure out how come so much fuel was used in the rain. Maybe Hys could explain it, but he was with Renault, laughing away. Senna had saved McLaren's honor, and now he was preparing to do it again here in Germany, because the forecast was gloomy and, also, it was the end of July. Hockenheim's average lap speed is about the same as Silverstone's, but their characteristics are very different. On this German track, the brakes are used, and the curves are taken sharply before stepping back down on the accelerator. The short mixed section in front of the pits is not enough to change these Formula 1 driving concepts. Notwithstanding these problems, the McLaren is back in the first row. Senna reaps his 7th pole position for the season, beating out Prost who was set on rectifying his bad showing on the English track. The two McLarens are very close, only separated by 3/10th of a second, but the two Ferraris are only 1.6 and 2.6 seconds behind them.

Nannini in his Benetton and Capelli in his March are flying along.

We cannot help but continually imagine how great the races will be next year when they will all be non-turbos battling it out for position and for the laurels.

The two days of test runs turn out to be of no use at all because, at the line-up for the race on Sunday, the Formula 1s face a wet track. So, it's all up for grabs on this track which is very dangerous under wet conditions. In fact, the fastest section of this track passes through a wooded section, and the trees do not allow the columns of spray from the tires to be dispersed upward during the long, fast straight-aways.

There are also those two doubts carrying over from the Silverstone race. What will Prost's reaction be to this wet German track?

Will the Ferrari's poor fuel economy prevent it from making the 44 1aps of this German race on just 150 liters of fuel?

The starting light flashes from red to green and they are off. Prost is immediately gobbled up by the group - especially by the Ferraris - and everybody thinks it is going to be a repeat of the sensational Silverstone drop-out.

But Alain Prost's pride takes over and, after a few laps, the two McLarens are paired in front of the two Ferraris. Nannini managed to stay ahead of Alboreto until he had to drop out just a few laps from the end of the race. This cleared the track for Michele, and came in a solid 4th, thus evening the previous score as regards the fuel-consumption doubts.

This was the 6th McLaren double win, and the team's 9th consecutive victory.

Their ambition is to win all 16 Grand Prix races, and it looks like they are going to be able to do it without too much trouble.

Enzo Ferrari's condition is causing a good deal of tension in the Ferrari camp while the plans and personnel are being discussed for the '89 season. Meanwhile, the next Grand Prix, - which is to be held in Budapest - is getting a lot of attention. The Hungarian track is like no other track in the world, and could provide some insights for future years. This track is for non-turbos.

Eddie Cheever, nato a Phoenix, in Arizona, ma romano d'adozione, corre in Formula 1 dall'ormai lontano 1978, quando fece il suo esordio, ventenne, nel Gran Premio del Sud Africa al volante di una Hesketh.

Eddie Cheever is from Phoenix, Arizona, but is Roman by adoption. He made his formula 1 debut way back in 1978, when he was 20 years old, driving a Hesketh in the South African Grand Prix.

HUNGRY

Il fiore all'occhiello di Bernie Ecclestone: il Gran Premio di Ungheria all'Hungaroring. La pista, di nuova generazione, con 3 anni di vita, è di quelle lente, 165 km. di media il giro più veloce, quasi una media cittadina.

Una pista strana, anomala, che mette in difficoltà i motori turbo; nei misti continui di curve e controcurve, in 2ª e in 3ª, dove il pilota deve usare l'acceleratore per guidare la macchina, l'erogazione brusca della potenza ed il ritardo nella risposta mettono in crisi Ferrari e gli altri turbo. Si salva al 50% la McLaren che trova in Senna (al solito) l'uomo del miglior tempo. Un miglior tempo conquistato, non arrivato senza fatica; Prost è solo 7°, incredibile. Tra Senna e Prost ci sono 5 aspirati: le 2 Williams, le 2 Benetton e la March di Capelli. Berger è 9° a fianco di un magnifico Caffi, Alboreto 15° a fianco della Minardi di Martini.

È evidente che l'agilità dei 500 kg. degli aspirati, la progressione del loro motore, la prontezza nella risposta sull'acceleratore hanno permesso queste prestazioni.

Qui a Budapest non conta tanto la potenza massima, ma la potenza disponibile nei vari passaggi. E la Ferrari lavora tra gli 11.000 ed i 12.500. Sotto gli 11 sembra ci sia poco!

Una gara tutta da vedere, con Senna e Mansell in 1ª fila, Boutsen e Capelli in 2ª e Nannini a guardare al suo fianco Riccardo Patrese in 3ª. Per Prost una doccia fredda. Senna ormai unico, non fa solo pole-positions. La pista permette sorpassi in rettilineo, davanti ai box; dalle altre parti difficile pensare di infilare un aspirato guidato da piloti coi "baffi".

Luce verde; la potenza del turbo di Senna gli permette di entrare primo nella curva lunga a destra dopo il via. Ayrton è primo, ma i suoi specchietti restano pieni di musi di Williams, con qualche scorcio di Benetton, fino a che arriva, vicinissimo, anche il muso della McLaren N° 11 di Alain Prost. Mansell purtroppo è partito con la varicella, debilitato, quindi si dovrà ritirare esausto, ma in altre condizioni fisiche la sua gara sarebbe stata tutta da vedere. Ci pensa Patrese a ravvivare il Gran Premio, ma Senna sta pensando a Prost, che giro dopo giro si sta avvicinando. E per qualche metro il francese infila Ayrton: assistiamo ad un sorpasso con immediato contro sorpasso.

Alain ha dei problemi all'avantreno e non ce la fa più a tenere il ritmo del suo avversario diretto. Si deve accontentare di un secondo posto che non è molto quando a vincere è l'altra McLaren. I due sono ora pari punti. Mancano 6 Gran Premi, 66 punti ciascuno, 6 vittorie per Senna. Sono numeri da cabala. Tutti tifano per Prost, almeno il campionato si prolunga e si spera di poter assistere alla lotta per il titolo all'ultima gara in Australia: sarebbe la consolazione maggiore in questo dominio McLaren.

Un commissario sportivo che farebbe invidia ad un assessore al traffico, con quel divieto di accesso ai box; un pilota che s'improvvisa centometrista; la smitizzazione di Gerhard Berger: la Formula 1 è anche questo ... e altro.

A sports commissioner whose ban against pit-entry would make him the envy of a city traffic planner, a driver trying to imitate Ben Johnson, the demystification of Gerhard Berger; the Formula 1 is also this... and more.

The Hungarian Grand Prix at the Hungaroring is Bernie Ecclestone's pride. This new generation track is 3 years old. It is a slow track - 165 km/hr average lap record - and is almost an average type of city track.

This strange, abnormal track causes a lot of difficulties for turbo engines. The continual mix of 2nd-gear and 3rd-gear "S" curves requires the use of the accelerator for maneuvering them.

The power-response delay, when suddenly requiring power, causes a great deal of difficulty for the Ferrari and the other turbo-engine cars. The McLaren comes out about 50% ahead with Senna (as usual) making the best time, although he had to really work for it.

Incredibly, Prost winds up in 7th position. There are 5 non-turbos between Senna and Prost: 2 Williams, 2 Benettons and Capelli in his March. Berger is in 9th position next to a magnificent Caffi, while Alboreto is 15th next to Martini in his Minardi.

This kind of non-turbo performance is evidently due to greater agility of the 500-kg vehicles, the progression of these engines, and the faster availability of power when stepping on the accelerator.

Maximum power does not count here in Budapest. What does count is the actual power available during the maneuvers. And the Ferrari runs at between 11,000 and 12,500. There does not seem to be many under 11.

It is a race really worth seeing, with Senna and Mansell in the 1st row, Boutsen and Capelli in the 2nd, and Nannini with Riccardo Patrese next to him in the 3rd. Prost is somewhere towards the back. The now unique Senna does more than just grab the pole position.

The track permits passing on the straight-away in front of the pits. Trying to pass a non-turbo driven by a top-class driver on the other stretches is pretty much out of the question.

The green light flashes on and Senna's powerful turbo

makes him the first one to take the long right-hand curve shortly thereafter.

Aryton is in the lead, and his rearview mirror is crowded with the noses of the Williams and brief glimpses of the Benetton, when, low and behold, the nose of Alain Prost's No.11 McLaren comes into view. Mansell was weak from a touch of smallpox, and he soon was too tired to continue. Had he been in better physical shape, his performance would have very likely been something to see. Patrese sees to putting a little more zip into the race, but Senna's got his mind on Prost who keeps getting closer to him as the laps go by. The Frenchman, in fact, passes Ayrton, but after a few meters, Aryton is right back in the lead again. Forward suspension problems begin to assail Alain and he cannot keep up with his direct adversary. At the finish, he has to be content with a 2nd place, which isn't much, considering that the other McLaren came in first. These two drivers are now even on points. There are 6 more Grand Prix races to go, and they each have 66 points, with 6 victories for Senna. These are cabalistic numbers. Everybody is pulling for Prost. With the continuing championship series, everyone is hoping to see a hard-fought battle for the title right to the end: the Australian Grand Prix. This would be the biggest consolation in this McLaren-dominated season.

La via del Giappone in Formula 1 non è rappresentata soltanto dalla Honda, ma anche da uno sponsor avveduto come la Leyton House, che ha permesso il ritorno della March nel campionato del mondo.

Honda's credit for Japan's entry in the Formula is also shared by Leyton House, the important sponsor that permitted the March's return to the world championship events.

BELGIUM

Le Ardenne: questa volta teatro di una battaglia moderna, anche se ci sono sempre i Panzern da una parte (le McLaren con Prost e Senna) e la fanteria dall'altra (... tutti gli altri, Ferrari comprese).

È anche il primo incontro della Formula 1 del dopo-Ferrari.

L'ingegnere non c'è più, e non c'è neanche il figlio Piero a rappresentarlo moralmente.

La Ferrari sportiva è ormai tutta Fiat con una grande aspettativa di vedere un risultato, una prestazione, un segnale dai tempi in pista, a significare che le modifiche nelle vetture di Maranello ci sono state e si vuole la conferma dalla pista.

Un percorso "vero", amato dai piloti e rischioso. 6940 metri di saliscendi, di pista stradale vecchia e raccordi nuovi, ma impegnativi.

Dopo i 160 kmh. di media dell'Hungaroring, senza emozioni, ecco i 220 di media a fiato sospeso in curvoni da 6ª piena a 270 all'ora, di chicanes secche che il pilota non ha neanche il tempo di pensare, di impostare, che è già fuori dalle curve, in rettilineo, in pieno.

È una pista guidata, dove il pilota può dire la sua e la messa a punto è critica. Tra l'altro fine agosto nelle Ardenne vuol dire anche pioggia; e nelle prove l'acqua arriva permettendo altri atti di eroismo in cui spicca, forse più degli altri, Michele Alboreto sempre velocissimo.

Lo schieramento, nonostante tutto quello detto e scritto, sembra la solita fotocopia di sempre: Senna-Prost, Berger-Alboreto ma poi ecco le novità: Patrese, 5°, promosso 1ª guida sul campo Williams per la malattia di Mansell, presentata a tinte fosche.

Malattia vera, cioè ricaduta di varicella ex-Ungheria, malattia ortopedica cronica, cioè del suo passato che pregiudica il suo futuro Ferrari, malattia politica di contestazione con Frank Williams? La storia Mansell finisce per ora qui, ma la gara belga apre le porte ai motori aspirati, che non sentono la mancanza di Nigell Mansell.

Mentre Senna silura inesorabilmente Prost e le due Ferrari vanno K.O. a chilometraggi diversi, Patrese, Capelli, Boutsen, Nannini, Piquet, Gugelmin e Nakajima (sì! lui) ravvivano la corsa ai massimi livelli divertendo tutti e divertendosi molto essi stessi.

L'89 lo cominciano ad aspettare in molti; sembra sempre più chiaro che l'anno prossimo, tutti aspirati, per arrivare davanti bisognerà sorpassare e rischiare un po'!

La bandiera a scacchi conferma che Senna sapeva che cosa faceva conquistando in prova la sua 9ª pole-position stagionale.

Prost, secondo, sembra aver ammainato la bandiera da combattimento e non per strategia di guerra.

La Ferrari?: tutti soddisfatti delle "potenziali" prestazioni nei consumi, nonostante i ritiri.

La strada è quella giusta e la nuova gestione promette di pizzicare quanto prima il "sedere" delle McLaren di Senna e Prost.

Poi tutti gli altri, aspirati in testa, con ulteriore ridimensionamento delle Lotus-Honda di Piquet, in lotta con Nakajima, Boutsen, Nannini e Capelli, 3°-4°-5°, parlano chiaro: non ci fossero state le McLaren!?

The Ardennes. This time, the theatre of a modern battle, even if we have the Panzers on the one side (the McLarens, with Prost and Senna) and the infantry on the other (all the others, including the Ferraris).

This was also the first "after-Ferrari" Formula 1 event. The engineer, Mr. Ferrari, is no longer with us, and neither is his son, Piero, to represent him morally.

The Ferrari racing car now belongs completely to Fiat, and there is the strong conviction that the car's track performance will demonstrate that changes have been made on the Maranello vehicle and that this superior performance will be amply demonstrated on the track.

The Belgian track, so loved by the lovers of the "true" racetrack, is a risky one, with 6940 meters of ups and downs, old street stretches and new but difficult junctions.

After the Hungaroring's unexciting 160 km/hr average speed, the Belgian track provided thrills at 220 km/hr average speed, curves taken in 6th gear at 270 km/hr, and abrupt chinanes that don't even give the driver a chance to think and get ready before he is out of the chicane and on the straight-away at full speed.

This track gives the driver plenty of leaway to use his skill and initiative, but the car's tuning is a critical factor. Furthermore, the Ardennes in August means rain, and it did rain for the tests, which permitted a number of heroic acts, the most oustanding of which was that of Michele Alboreto, who always drives very fast.

Regardless of what had been said and written, the line-up was exactly like it always was: Senna-Prost, Berger-Alboreto. But the new development was Patrese in 5th position, who was given a promotion in the field to 1st driver for the Williams camp, due to Mansell's showing up suffering from a bout of smallpox.

This was a relapse of the illness he had in Hungary. Could it have been an orthopedic illness; that is, an illness of his past that compromises his future with Ferrari, an illness policy contestation as regards Frank Williams? For the moment, Mansell's story ends here, but the Belgian race opens its doors to the non-turbos, which don't feel Nigell Mansell's absence.

While Senna inexorably torpedoed Prost, the two Ferraris pooped out at different stages of the race. The race was livened up to the maximum by Patrese, Capelli, Boutsen, Nannini, Piquet, Gugelmin and Nakajima (yes, he too!), which provided them and everybody else with a lot of fun. A lot of people are now looking anxiously forward to the '89 season, because, as everybody knows, only the non-turbos will be racing next year, and this means passing and a bit of risking will be required to win!

By cutting the finish line first, Senna showed that he knew what he was doing when he won his 9th straight pole position of the season.

Prost, coming in 2nd, seemed to have lowered his battle flag, but not because of battle strategy.

The Ferraris? Notwithstanding the drop-outs, their "potential" as regards fuel consumption proved satisfactory for everybody concerned.

They seem to have taken the right heading, and the new management promises that - as soon as possible - they will be nipping Senna's and Prost's behinds.

As regards the others - with the non-turbos in front, and further redimensioning of Piquet's Lotus-Honda, battling with Nakajima - Boutsen, Nannini and Capelli coming in 3rd, 4th and 5th tells the whole story; and if there hadn't been the McLarens?

Non è il posto di guida di un'astronave, ma il cruscotto di una Formula 1 già entrata nell'anno 2000.

This is not the cockpit of a space ship, but the instrument panel of a Formula 1 which has already been designed for the year 2000.

ITALIA

Ci vorrebbe un libro intero per descrivere questo Gran Premio d'Italia; per descrivere solamente gli ultimi giri e la bandiera a scacchi, neanche tutta la gara.

Una doppietta Ferrari rompe la monotonia di 11 vittorie McLaren; un Senna che a meno di due giri dalla fine "entusiasma" il pubblico stipato nell'autodromo parcheggiando la sua McLaren di traverso sul cordolo della chicane, dopo aver letteralmente scavalcato la ruota anteriore sinistra di un doppiato.

Tutto il resto passa in secondo piano; una gara che sembra aprire una pagina nuova di questo finale di campionato.

Il Gran Premio sembrava nato, al solito, sotto la stella Senna; c'era però un'atmosfera di ottimismo nel clan Ferrari.

In Belgio non c'era stata la possibilità di verifica della evoluzione motori di Maranello; tutto lo staff dirigenziale Ferrari, Ghidella in testa, aspettava Monza.

Motori risparmiosi, più elastici, più adatti a tenere sotto pressione i due della McLaren. Chissà se Senna e Prost, più compressi, si sarebbero permessi una delle solite tranquille passeggiate?

A Monza, a 250 kmh di media, gli aspirati tecnicamente non dovrebbero esistere. Ma le prove, senza problemi di benzina, sono una cosa, la gara deve tenere conto dei 150 litri di carburante pesante che i turbo possono consumare. Ed infatti alla luce verde del via, si scoprono immediatamente alcune cose: la McLaren non ha quella superiorità che le prove avevano evidenziato e gli aspirati possono tenere un ritmo di gara incredibile restando potenzialmente vicini ai turbo.

Peccato che Nannini, leader anche qui con la Benetton dei motori atmosferici, debba partire dai box; avrebbe potuto essere l'outsider di Monza.

Ma la McLaren non sente solo la pressione di Berger ed Alboreto; anche la Arrow di Cheever conferma l'exploit delle prove. Gara dura insomma per i motori Honda.

Il "grande circo" ha anche i suoi artisti, ciascuno, a suo modo, ha voluto spiritosamente colorare il Gran Premio.

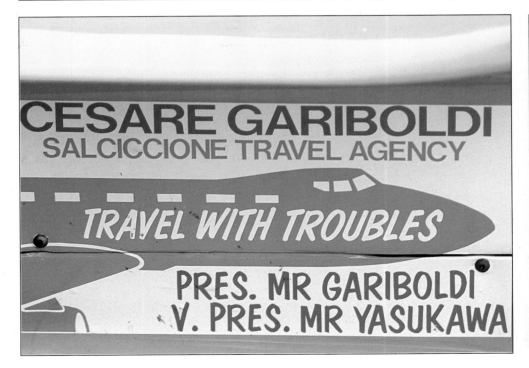

Prost ha scelto una carburazione benzina/aria molto magra, per consumare meno. Ed un suo pistone salta, bucato. È K.O.

Senna viaggia più grasso, ma il consumometro non perdona.

Alboreto vuole vendicarsi di Berger e della Ferrari e tira non contento del 3° posto. Berger, contento del 2°, non vuole certo cederlo ad Alboreto.

Risultato: i 2 praticamente prendono Senna a due giri dal termine e Senna ... un occhio al consumometro, uno agli specchietti retrovisori, il cervello fumante per calcolare quanto poteva cedere ai due di Maranello in 2 giri, non ha avuto il terzo occhio per fotografare la manovra dilettantesca del doppiato Schlesser.

Pum; Senna è fermo. Passa Berger, passa Alboreto; una bandiera a scacchi che lo stesso direttore di gara Romolo Tavoni agita con emozione.

Cheever 3° raccoglie a sua volta un grande risultato. La Ferrari si è riscattata in una delle gare più prestigiose dell'anno. Si parla più di questo che del campionato ancora aperto tra Prost e Senna.

Si aspetta la verifica in Portogallo, si torna a sperare che non è solo McLaren-Honda il linguaggio 88 della F.1.

Sì, ci sono anche gli altri classificati, c'è l'amarezza di Nannini, ma come trovare tempo al di fuori di una doppietta Ferrari al Gran Premio d'Italia, a Monza?

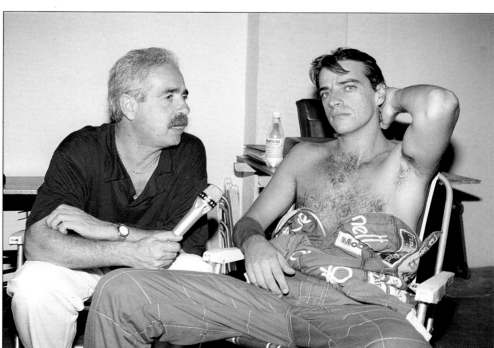

One would have to write a whole book to be able to fully describe just the last few laps and the finish of this Italian Grand Prix.

The Ferrari double-win breaks the monotony of the 11 McLaren victories. With less than 2 laps to go, the crowd goes wild as Senna, on the chicane, literally climbs over the left front wheel of another car that had been lapped, and winds up parked crosswise on the curbing.

All the rest is upstaged by this event, and a whole new light is cast on the championship.

It had been practically taken for granted that this would have been another win for Senna, as usual, although there were some high hopes among the Ferrari clan.

The retouched Maranello engines didn't get a chance to be really checked out in Belgium, so now the whole Ferrari staff, with Ghidella at the head of it, were waiting for Monza.

The Ferrari engines were more economical, more elastic, and more suitable for putting pressure on the two McLarens. With this new pressure being applied, would Prost and Senna still be considering the race just the usual milk run?

With the Monza track speed of 250 km/hr, the non-turbos should, technically, not even be in the race. But the test runs — without any worries about running out of petrol — are an altogether different matter. In the race itself, the turbos are faced with having made do the allowed limit of 150 liters of fuel.

As a matter of fact, right from the start of the race, it becomes quite clear that the McLarens don't have the superiority that they demonstrated during the tests, and that the non-turbos can keep up a relentless pace and always stick close to the turbos.

Too bad Nannini — who was also a leader in this race with the non-turbo Benetton — had to take off from the pits. He could have been the outsider in this race.

But the McLaren not only feels the pressure applied by Berger and Alboreto, but Cheever's Arrow also confirms the get-up-and-go it demonstrated during the test runs. It looks like a tough race for the Hondas.

Prost decided to lean his mixture way down to stretch his petrol mileage, but what that did was make his engine overheat, with the result that he blew a piston, and that was the end of him.

Senna's mixture is richer, but he's worried about it.

Alboreto is looking for revenge, both as regards Berger and the Ferrari Co., and holds his solid 3rd position, although he's not happy about it. Berger's in 2nd position and quite happy about that, and certainly doesn't want Alboreto to take it away from him.

The result? With just a little more than 2 laps to go, these two have practically caught up with Senna. With one eye on the fuel gauge, one on the rear view mirror and, at the same time, doing some super calculating to decide just how far he can permit those two Maranello guys to catch up with him, he needed another eye to catch what Schlesser — who had already been lapped — was trying to do. Bango! And that was it for Senna! Berger whizzes by, with Alboreto right behind him, as Romolo Tavoni — the race manager — gets all emotional as he waves the checkered flag.

Cheever comes in 3rd and racks up what was a good performance for him. The Ferrari made a fine come-back in the most prestigious race of the year. More people are talking about this come-back than they are about Prost and Senna in this championship that is still wide open.

So, Portugal should provide the answer, one way or the other. The hope is that the McLaren-Honda won't wind up hogging all of the '88 F.I. spotlight.

Of course, there are the others that also placed, as well as Nannini's disappointment, but how can one think of anything else after that double Ferrari victory at the Italian Gran Prix at Monza?

È spettacolo anche il lavoro dei meccanici ai box.

Even the mechanics working in the pits can be part of the show.

La bandiera a strisce giallo-rosse avverte i piloti
che il fondo della pista è scivoloso.

The yellow and red flag warns the drivers of dangerous skid conditions.

Si snoda, alla prima variante di Monza, il serpentone multicolore delle monoposto più veloci del mondo. Il Gran Premio ha avuto inizio da una manciata di secondi.

*The multicolored file of the world's fastest cars wind
through Monza's first variant. A hunful
of seconds separates them at the start of this Grand Prix.*

Il cambio dei pneumatici è sempre un momento cruciale del Gran Premio: le scelte del momento più opportuno, l'organizzazione e la destrezza dei componenti la squadra addetta all'operazione, sono gli elementi fondamentali ed imprescindibili per rubare qualche decimo di secondo agli avversari.

PORTUGAL

Eccoci all'Estoril, Portogallo; e subito la McLaren chiarisce in prova che a Monza è stato un incidente. 1 secondo e 1/2 ai diretti avversari McLaren; gli avversari sono un miscuglio di turbo ed aspirati, con la Ferrari apparentemente in difficoltà. Ma il fatto nuovo, che non convince gli addetti ai lavori è che Prost è sistematicamente davanti a Senna ed il brasiliano sembra in difficoltà: vettura o testa?

Alla Ferrari, sempre presente in forza da un punto di vista manageriale, si conferma che i loro motori sono da gara, quelli della McLaren probabilmente no; aspettano i riscontri dei 70 giri di questo tracciato difficile, ondulato, con curve a raggio variabile, con messe a punto valide solo per sezioni di percorso.

Emergono gli aspirati: Capelli, Nannini, Patrese, Mansell, Boutsen, emerge Prost, si rinsabbia un po' Senna. Il pilota brasiliano non trova una messa a punto ottimale per la sua macchina, quasi una mancanza di esperienza specifica in questo percorso che invece ha visto Prost vincere nell'84 e nell'87, con Senna veloce invece sotto l'acqua!

Insomma, ci si rende conto in Portogallo che con i motori turbo, anche penalizzati alla pressione a 2.5 bar, si gioca tra prove e gare; quindi tutti restano in attesa della luce verde.

Ed al via possiamo assistere ad uno dei più bei Gran Premi degli ultimi anni.

A parte lo scontro De Cesaris, Warwick, Sala in una prima partenza, si comincia subito nel secondo via, con un sorpasso mozzafiato Prost/Senna, rasente il muretto box,

con le gomme delle 2 McLaren che si sfiorano.

Una immagine da Formula 3, da giovani rampanti, non da professionisti del volante.

Senna è evidentemente nervoso e non vuole cedere le armi facilmente.

Le parole non bastano certo a far rivivere quei momenti che ufficializzano l'atmosfera tesa che ormai regna in casa McLaren. Le belle parole delle conferenze stampa traballano con i "fatti" messi in pista dai due piloti.

Ma il Gran Premio non è finito lì e facciamo un elenco schematico di tutto quello che succede: un promemoria.

1 - Prost va davanti, ma con prudenza (benzina?)
2 - Berger spinge Capelli ed i due superano Senna con qualche numero in frenata.
3 - Senna lotta con Mansell, che si impianta nel guar-drail.
4 - Berger aziona per errore l'estintore dell'abitacolo, il liquido va sul piede destro e Gerard sbaglia la frenata, testa coda, ko. La Ferrari pensava già ad un altro colpaccio su Prost, davanti per soli 3''.
5 - Senna sprofonda al 5° posto, Alboreto sta recuperando.
6 - Capelli rinuncia a cacciare Prost; un secondo posto è per l'italiano un exploit incredibile; e poi con un aspirato.
7 - Alboreto è terzo ... fino a 300 metri dall'arrivo. Manca benzina e lo infilano in 2: Boutsen e Warwick.
8 - Senna è al 6°, Caffi 7°, Sala 8°.

Ce n'è per tutti.

Il campionato è ancora aperto, Prost fa il professore, Senna Pierino la peste, gli altri ne approfittano.

Ora Jerez, Spagna, si attende con più trepidazione.

Dalla prestigiosa Williams alla debuttante Coloni ... non si contano le escursioni fuori pista...

The innumerable off-track excursions not only included the debutant Coloni, but many others up to and including the prestigious Williams.

Here we are at Estoril, Portugal, and the McLaren immediately demonstrates during the trials that what happened in Monza was an accident; McLaren's direct adversaries are 1 1/2 seconds behind, and consist of a mix of turbos and non-turbos, with the Ferrari having troubles. What's caught everbody's eye — but not getting the men in the pit too excited — is that Prost is maintaining his lead over Senna, and that the Brazilian seems to be having some difficulty; is it the car, or his head?

According to the Ferrari mentors — who are always present in force, from the managerial point of view — their engines are right for this race while the McLarens are not. They're waiting to see their point proven in these 70 difficult undulating laps, with the long sweeping curves with non-constant radius, and where extra-special car tuning can only pay off on certain sections of the track.

The ones getting out there in the front of the pack are the non-turbos: Capelli, Nannini, Patrese, Mansell and Boutsen. Then Prost stats pressing, while Senna gets somewhat lost in the shuffle. The Brazilian driver doesn't seem to have been able to find the engine tuning that works best for this track, almost as though he hasn't has previous experience with this track, whereas this is the track on which Prost won in '84 and '87, even with Senna being fast on a wet track!

There's no doubt about it, the turbo's performance on this Portugal track — even with the pressure limited at 2.5 bar — has everybody scratching their heads as to what's actually going to happen after the race gets started.

And as soon as the green light goes on, we've got the feeling that this is going to be the most exciting Grand Prix we've seen in years. But De Cesaris, Warwick and Sala get tangled up right at the start and it's everybody back for a second start, which sees a Prost / Senna breathtaking pass just inches from the pit wall with their wheels briefly touching each other.

It's seems like a Formula 3 race, with impetuous youngsters driving, not seasoned professionals.

Senna is evidently nervous and has no intention of giving in.

Just words aren't certainly enough to describe the tension that reigns in the McLaren family. The nice things said at the press conferences can hardly veil what actually took place between the two drivers out on the track.

But the Grand Prix isn't over yet, and we want to give you a brief run-down on what happened.

1 - Prost is in the lead, but he's extra-careful (petrol?).

2 - Berger presses Capelli and, after some plain and fancy braking, they both pass Senna.

3 - Senna battles it out with Mansell, who winds up against the guard rail.

4 - Berger gets distracted and accidentally actuates his in-cockpit extinguisher. The liquids gets under his right foot, he bungles his braking, goes into a spin, and he's out of the race. Prost was only 3 secs ahead of him, and the Ferrari was already figuring on giving him another unexpected surprise.

5 - Senna falls way back into 6th place, and Alboreto starts picking up.

6 - Capelli gives up trying to get by Prost; his 2nd place is really incredible, considering he didn't have a turbo assist.

7 - Alboreto had 3rd sewed up... until the final 300 meters, when his tank went dry and Boutsen and Warwick passed him in 2nd gear.

8 - Senna ended up 6th, Caffi 7th and Sala 8th.

The forecasters were walking around with sheepish looks on their faces.

The championship is still anybody's guess, with Prost in the role of the professor, Senna the little brat of the class, and the others anxious to take advantage of the situation. Which makes everybody that much more eager to see how things are going to work out in Jerez, Spain.

*A nudo, sotto il vestito giallo Camel, la scocca della Lotus,
una vettura, una volta regina, che ha molto deluso
nel campionato '88.*

The Lotus — here with its yellow Camel body opened
up for a closer look insiede — was once the queen of them all,
but many were disappointed in the '88 season.

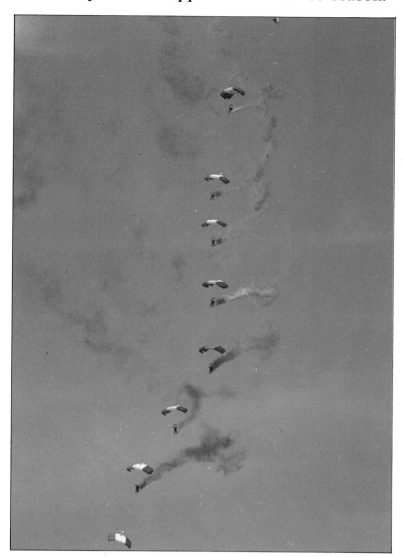

SPAIN

Quattro giorni dalla bandiera a scacchi dell'Estoril, del Gran Premio del Portogallo, e tutte le Formula 1 sono in pista per le prove ufficiali di quello di Spagna.

Un circuito da aspirati, un ritorno quasi all'atmosfera dell'Ungheria, dove un motore senza turbo poteva sperare di dare la zampata vincente. Ma molto interesse per la verifica Prost-Senna.

Il campionato è stato dominato dalla Mc-Laren-Honda, con grande felicità della Marlboro; sembrava che Senna a sua volta fosse il dominatore dei piloti e del suo compagno di squadra.

Ora il Portogallo ha fatto soffrire il brasiliano.

Si dice anche che dall'interno dei comandi dei computers, ai box, si voglia far decidere tutto a Suzuka, in Giappone.

La pista di Jerez può dare qualche risposta o aumentare i dubbi.

E questo Gran Premio si presenta con tutte le carte in regola per una grande gara; forse la migliore, sulla carta, anzi sullo schieramento di partenza, delle 13 gare che lo hanno preceduto quest'anno.

D'accordo, ci sono le 2 McLaren in prima fila, ma Senna è davanti a Prost per 67 millesimi. Pochi per stabilire la supremazia di uno o dell'altro. Ma dietro alla prima fila 5 aspirati, condotti da un Nigell Mansell ritornato nell'abitacolo della sua Williams con molta determinazione.

E poi Boutsen e Nannini (la Benetton vuole chiudere in bellezza), Capelli e Patrese alla caccia della leadership italiana, cioè Nannini.

La Ferrari mestamente, è il caso di dirlo, insegue.

La luce verde, il via; ecco la verifica del reale antagonismo Prost/Senna; il valore delle segnalazioni dai box, agli ordini di squadra. Ma non c'è bisogno di discutere. Prost è una scheggia, Senna addirittura è bruciato da Mansell. Il grande Ayrton lotta tutta la gara con gli aspirati. Prost là davanti a tutti, gestisce l'irruenza di Mansell, piegandolo a poco a poco.

La grande battaglia non c'è stata; l'hanno semmai combattuta Nannini, Capelli, Patrese e Senna.

La Ferrari viaggia in retroguardia; Monza, la doppietta tutta rossa, un ricordo da tenere prezioso nel cassetto.

E Prost dunque domina e vince. È in testa al mondiale, ha 6 vittorie e tanti secondi posti. Senna è dietro, ma 7 vittorie, 2 secondi posti e questo 4° del G. Premio di Spagna.

La matematica dei punteggi è solo per lui, contro Prost. Se è vero che si vuole far concludere il mondiale piloti a Suzuka, e non in Australia, ciò può avvenire solo con la vittoria di Senna al G.P. del Giappone.

Alain Prost non avrebbe i numeri dalla sua parte.

Tutti aspettano la verifica delle loro idee.

Four days after the checkered flag at Estoril - the Portugal Grand Prix - all the Formula 1's are out on the track for the official trials of the Spanish Grand Prix.

It's a non-turbo track, and the atmosphere is reminiscent of Hungary where the non-turbo engines had a chance of making a beautiful showing and even winning!

But everybody's anxious to see what's going to happen between Prost and Senna.

The McLaren-Honda has been dominating the championship series, which hasn't at all displeased Marlboro; and Senna not only seems to be dominating the other drivers, but also his teammate.

But the Brazilian suffered in that Portugal race.

Rumor has it that they want Suzuka in Japan to decide on everything, from the insides of the computer controls to the pits.

The Jerez track will either provide some answers or raise more doubts.

This Grand Prix promises to be a great racing event, and judging from the line-up it could even turn out to be better than any of the other 13 races held this year.

The 2 McLarens are heading the line-up it's true, but Prost is trailing Senna by only 67 thousanths, not enough to say which is going to be the better of the two. But there are 5 non-turbos behind them, headed by a very determined Nigel Mansell who has gone back to his Williams.

Then there is Boutsen and Nannini (the Benetton wants to finish up making a good showing), followed by Capelli

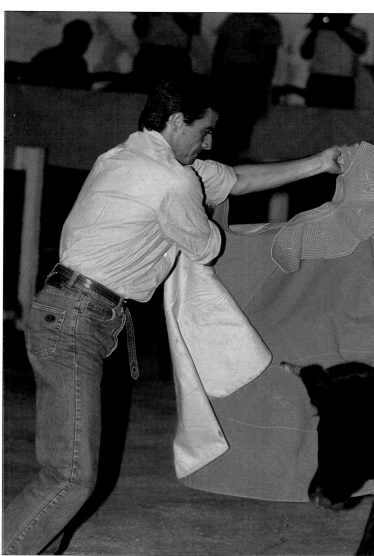

and Patrese who are out to take Nannini's leadership position away from him.

And lastly, sad but true, we have the Ferrari.

The green light flashes on and they're off. This is the real test for Prost and Senna, for the instructions from pits, for the team orders. But there's no need for any discussion. Prost is off like a scared rabbit, and Senna even finds himself outdistanced by Mansell. Prost keeps a comfortable lead and gradually tames down Mansell's exuberance.

There was really no great battle there. If there was one, it was between Nannini, Capelli and Senna.

The Ferraris brought up the rear; but their significant twin victory at Monza is still something that's well worth keeping in mind.

So, Prost dominated the race and came in the winner. He leads the world classification with his 6 victories and numerous 2nd places. Senna came in behind him, but has 7 victories and three 2nd places, counting this one in the Spain Grand Prix.

The mathematics of the assigning of points favors Senna and not Prost.

If Senna wins the Japan Grand Prix he will win the world's championship.

If he doesn't win at Suzuka, the concluding race will be held in Australia.

The numbers seem to be against Alain Prost.

Everybody is waiting to see if their particular predictions will come true.

CASINO'
MILANO

S. Modena

Marlboro

INTERNATIONAL
TY-SCHOOL

OMMASINI
LT CONVEYORS

Siamo tutti in trasferta: i 15 giorni che decidono il mondiale con il Gran Premio del Giappone a Suzuka e quello di Australia ad Adelaide.

Le voci del "popolo", dell'ambiente danno per scontata l'assegnazione del titolo in Giappone: Suzuka è la pista della Honda, tutto lo staff giapponese sarà presente, si è insinuato che la stessa Honda abbia voluto trascinare il titolo sino in casa propria per festeggiare degnamente il nuovo campione, costringendo inoltre tutti i mezzi di comunicazione a mantenere rizzate le antenne anche per questa trasferta orientale.

Un po' di polemica tra federazione e Marlboro McLaren, ma sono poi i fatti quelli che contano con la verifica in pista della realtà.

C'è anche il riscatto di Monza, la doppietta Ferrari da tenere in considerazione, e figuriamoci se nella propria pista di collaudo, dove la McLaren - Honda ha macinato decine di migliaia di chilometri, Senna e Prost non occupano la prima fila dello schieramento.

Ma dietro c'è un po' di confusione; gli aspirati dimostrano di essere molto competitivi; l'aria del 1989 si sente già e March, Benetton, Williams sono ancora in caccia di risultati di prestigio. Da metà schieramento verso la fine c'è grande movimento per cercare di entrare nei primi 26 della classifica mondiale e non essere assoggettati alle preoccupanti pre-qualifiche necessarie per i gran premi del 1989.

La Ferrari intanto non sembra certo quella che lo scorso anno diede una lezione ai motori Honda montati sulle Williams; ma alla luce verde del via subito tutti cercano 2 verità: Senna o Prost, Ferrari al contrattacco?

E Senna fa una partenza al cardiopolso, cioè non si muove dalla griglia, con la Ferrari di Berger che lo accarezza con le sue ruote posteriori, gli altri dietro che lo schivano alla meno peggio e Prost invece che vola via al comando. Senna è 14°, con tanti piloti grintosi davanti a lui da sorpassare.

Prost vola, guadagna ad ogni giro, ad ogni curva, mentre Ayrton è alle prese con sorpassi, frenate al limite, traiettorie in curva che gli fanno perdere tempo.

Prost in pochi giri si ritrova con un vantaggio di 12 secondi sul suo compagno, una eternità; ma Prost non può stare tranquillo perché i suoi specchietti retrovisori sono pieni del muso della March Leyton House di Ivan Capelli.

Una pressione questa che Alain non pensava forse di avere; Alain deve vincere se vuole il titolo e non può permettersi di rischiare, neanche con un motore aspirato come quello della March.

Ma al 15° giro, quando ormai sembrava che il francese avesse in mano il Gran premio del Giappone e che il campionato del mondo fosse da discutere in Australia, qualche spruzzo di pioggia ribalta la situazione. In 4 giri, dal 15° al 20°, Senna mangia i 12 secondi, Capelli si ritira e Prost non fa neanche in tempo a controllare le intenzioni di Senna che si ritrova infilato ed in seconda posizione.

Tutto è finito: ora è Senna a volare via, è imprendibile. La lotta per gli altri punteggi mondiali è comprimaria perché l'interesse è centrato sulla vittoria di Senna e sul suo titolo iridato che premia indubbiamente il più forte pilota del 1988. Per Ayrton Senna è anche il conseguimento di un obbiettivo che lui ha cercato da sempre, per dimostrare al mondo di essere il più forte, per dimostrare che la sua completa dedizione al mondo delle corse era concreta e necessaria per la conquista del titolo.

Finalmente Senna, pensano tutti, sarà più rilassato, più

tranquillo e più "trattabile" per tutti gli addetti ai lavori.

Intanto, mentre Senna e Prost concludono nell'ordine il Gran Premio, gli altri scaricano in parte il loro nervosismo.

Alboreto, toccato all'inizio da Nannini, si rifà nel finale penalizzando il toscano. Piquet e Mansell cercano di entrare troppo insieme nella chicane e finiscono per entrarci uno sopra l'altro.

Boutsen è terzo, Berger risparmioso è quarto, Nannini solo 5°.

Senna sembra commosso, incredibile, nel suo giro d'onore.

Un altro brasiliano, dopo Fittipaldi e Piquet avrà il n° 1 sulla sua macchina da gara.

E la sensazione è che l'era Senna (e McLaren) sia appena cominciata.

We're all away from home for this 15-day period during which the Grand Prix of Japan at Suzuka, and the Grand Prix of Australia at Adelaide, are scheduled for deciding the final outcome.

Everybody's pretty well convinced, including those in the racing business, that the title will be awarded in Japan. The Suzuka track is Honda's track, and the whole Japanese staff is on hand. Some say that the Honda Company itself was keen on having the title won in its own backyard, so that it could put on the kind of celebration for the winner that he rightly deserves, and also make the media continue to keep all of their antennas up for this shift of focus to the Far East.

There were some polemics between the federation and Marlboro McLaren, but what really counted was the verification of the actual facts out on the track.

The performance of the two Ferraris at Monza was something to keep in mind, but how could Senna and Prost not take the first two positions in the line-up, what with the Suzuka being the McLaren-Honda home track where scores of thousands of kilometers of test runs have been carried out by the firm.

But behind these two there seemed to be a bit of confusion, with the non-turbos putting up a very convincing display of competitiveness. They were already in the mood for the 1989 season and the March, Benetton, and Williams were still out there to obtain prestigious results. During the last half of the trials, everybody was going all out to place among the first 26 in the world classification, without being conditioned by worrisome thoughts regarding the tough 1989 Gran Prix prequalification requirements.

Meanwhile, the Ferrari certainly didn't look like the same car that taught the Honda-mounted Williams a lesson last year. But when the green light flashed on, everybody wanted to know if it was going to be Senna or Prost, and if the Ferrari would be counterattacking.

Senna made a cardiopalmus departure; that is, he just didn't move. Berger in his Ferrari brushed him with his rear wheels, while the others got past the best they could, with Prost zipping out into the lead. Senna finally ended up in the 14th position, with the prospect of having to pas a whole lot of grinty drivers that are out in front of him.

At each turn and curve, Prost got further ahead, while Aryton had his hands full maneuvering around the others, losing time applying the brakes and making wide turns around the curves.

After just a short time, Prost has a 12-second lead over his teammate - an eternity - but he can't let up because his rearview mirrors are completely filled with the nose of Ivan Capelli's March Leyton House.

Alain was probably not expecting this kind of pressure. He knew that if he wanted to win the title, what he certainly couldn't do was take any chances, not even where a non-turbo like the March was concerned.

But by the 15th lap, when it looked for sure like the Frenchman had the Japanese Grand Prix sewed up and that the race for the title would have to be held in Australia, a few drops of rain completely changed the picture. After just four additional laps - from the 16th to the 20th - Senna gobbles up Prost's 12-second lead and Capelli drops out. And before Prost can figure out what Senna has in mind, Senna squirms into 2nd position.

That was it for Prost. Now it was Senna who zipped out to take the lead and no one could catch up with him. The battle going on over the other world-championship points became of secondary importance, since everybody's attention was focused on seeing what was undoubtedly the 1988 season's best driver come in and win his much deserved world's title. One of the reason's Senna was dead-set on winning was because he wanted to achieve a long-time objective: to prove to everybody that he was the world's best driver and that it was his completely-uncompromised and unswerving dedication to the sport that made it possible.

Everybody in the business in pretty sure that achieving this objective will make Senna relax and be a bit more easy going; and this will make it easier for others to get along with him.

While Senna and Prost, in that order, were nearing the finish line and the end of the Grand Prix, the others started letting off some steam. Alboreto, whose car was contacted by Nannini's at the start of the race, paid him bach near the end by penalizing the Tuscan. Piquet and Mansell couldn't agree as to who was to take the chicane first, and they both wound up taking it together, one on top of the other.

Boutsen came in third; fuel-economy conscious Berger came in fourth; and Nannini had to be satisfied with fifth. During his honor lap around the track, Senna seemed moved to tears and looked like he couldn't believe he'd really won.

After Fittipaldi and Piquet, now another Brazilian will have the number "1" on his racing car.
And the sensational part of it all is that the Senna (and McLaren) era has only just begun.

AUSTRALIA

Adelaide, l'ultimo impegno di questa stagione. Il titolo è assegnato ma ci sono ancora tanti motivi che devono essere definiti in questo gran premio.

La Ferrari vorrebbe riscattarsi, chiudere in bellezza questo decennio del turbo; Prost vorrebbe dimostrare di aver perso con l'onore delle armi e continuare la scalata al record di vittorie; le squadre minori lottano ancora per un posto "prioritario" nelle qualifiche del prossimo campionato.

E poi un gran premio è sempre un gran premio: se Senna è appagato, forse, Prost, Berger, Alboreto, Mansell e gli altri non lo sono certamente.

Si discuterà dell'ultimo risultato per tutti i mesi invernali.

Adelaide, 38 gradi di temperatura, una pista cittadina che sembra un impianto permanente.

Tutti i protagonisti arrivano da luoghi di vacanze esotici, per approfittare di essere già dall'altra parte del mondo: Bali, Haway, barriera corallina, Thailandia.

Ma quando arriva il momento delle prove tutto ritorna in riga: primo Senna con la 13ª pole position dell'anno, incredibile, e secondo Prost, al suo fianco in prima fila, ben determinato a soffiare questo gran premio da collezione, ultimo dell'era turbo, al campione del mondo 1988.

Dietro la bagarre, in un miscuglio di turbo ed aspirati, con la preoccupazione dei consumi, l'integrità fisica dei piloti per 82 giri di questo tracciato pieno di muretti e cordoli.

Berger? Quarto desideroso di dare la zampata come l'anno scorso; Alboreto? In fondo drammaticamente allo schieramento, con una strategia di gara da punti mondiali, per riconquistare quel 4° posto mondiale che gli è stato strappato da Boutsen.

Patrese concentrato a dare, finalmente, la paga a Mansell; Piquet che pensa alla sua barca, al suo elicottero, al suo aereo, ed ogni tanto alle esse dopo il via.

Insomma ce n'é per tutti.

Via. E via per Prost, Senna, dietro già sconfitto, Berger che fa sognare: terzo, infilato Senna, secondo, infilato Prost, primo, infilato il doppiato Arnoux, scontro, KO, ritirato.

Un dubbio sul consumo a quel ritmo ma per 25 giri Berger e la Ferrari sono stati protagonisti.

Prost è solo, Senna è solo ma staccato.

Dietro la bagarre, lotte, incidenti, ritiri; compreso Michele Alboreto, messo fuori gara a 800 mt. dopo il via per una toccata con Caffi.

Patrese ce la fà, e conquista un 4° posto di prestigio, dopo che il suo compagno di squadra Mansell si impianta nel guard-rail.

Piquet va sul podio, Capelli conclude con un punticino mondiale. La Minardi di Martini, 7ª, è l'ultima monoposto che passa sotto la bandiera a scacchi.

Senna è campione, ma il podio di Adelaide conclude degnamente la stagione e l'era del turbo: c'erano 3 campioni del mondo in gara, e tutti e tre occupano i primi tre posti di questa magnifica gara, quasi una cabale: Prost, Senna e Piquet.

This race at Adelaide was the last in the Grand Prix series for 1988.

Although the campionship title had been awarded, there were quite a number of good reasons for having this last Grand Prix.

The Ferrari had to make a good showing and end up it this 10-year turbo period with flying colors. Prost wanted to show that he had put up a very good fight and wanted to add one more notch to his string of victories.

The minor-leaguers were still fighting it out for "priority rights" in the forthcoming championship season.

Then, after all, a Grand Prix event was still a Grand Prix event. While Senna had had his full satisfaction, the others - like Prost, Berger, Alboreto and Mansell - were certainly far from it.

The final result promised to be the topic of discussion all through the winter months.

It was 38 degrees Centigrade in Adelaide and the city track had all the appearance of a permanent one.

All the protagonists had taken advantage of being on that side of the world and had been vacationing in places like Bali, the Hawaian Islands, the Coral Barrier, and Thailand.

But when the time came for running the tests, they were all back to being very businesslike. Senna won his incredible 13th pole position for the season. Prost was in the second position next to him in the first row, and had his heart set on taking this "designer" Grand Prix - the last of the turbo era - away from the 1988 world's champion. In the mix of turbos and non-turbos behind them, the main worry was fuel consumption and physical resistance during the grueling 82 laps - with all the walls and seams - that lay before them.

Berger? He was just aching to do a repeat of the previous year. Alboreto? Dramatically back of the bunch, but with a world-points strategy aiming at winning back that 4th world position that Boutsen had wrested from him. Patrese was concentrating on finally being able to pay back Mansell. Piquet's mind was on his boat, his helicopter and his airplane; and, once in a while, his thoughts concentrated on the "S" curves that he would be negotiating right after the start.

There was enough to satisfy all tastes.

The green light and they're off, and it's Prost and Senna with Berger third and looking good. He passes Senna and is 2nd, passes Prost and is 1st, passes Arnoux - a lap behind - and they contact, and that washes up Berger.

While there were some doubts about fuel consumption, Berger and the Ferrari were the real protagonists for 25 laps.

Prost and Senna were out there all by themselves, but there was a good gap between them.

The trailing pack was fraught with battles, accidents and drop-outs, including Michele Alboreto who had to drop out after contacting Laffi just 800 meters from the start of the race.

Patrese made it and placed a prestigious 4th, after his teammate, Mansell, had crashed into the guardrail.

Piquet won a place on the podium, and Capelli earned one little world point. Martini's Minardi came in 7th and was the last single-seater to cross the finish line.

Senna was this season's world champion, but the podium at Adelaide proved a worthy conclusion to the era of the turbo. The 1st, 2nd, and 3rd spots on the podium were occupied by 3 world's champions: Prost, Senna, and Piquet, practically like the winning ticket in a lottery.

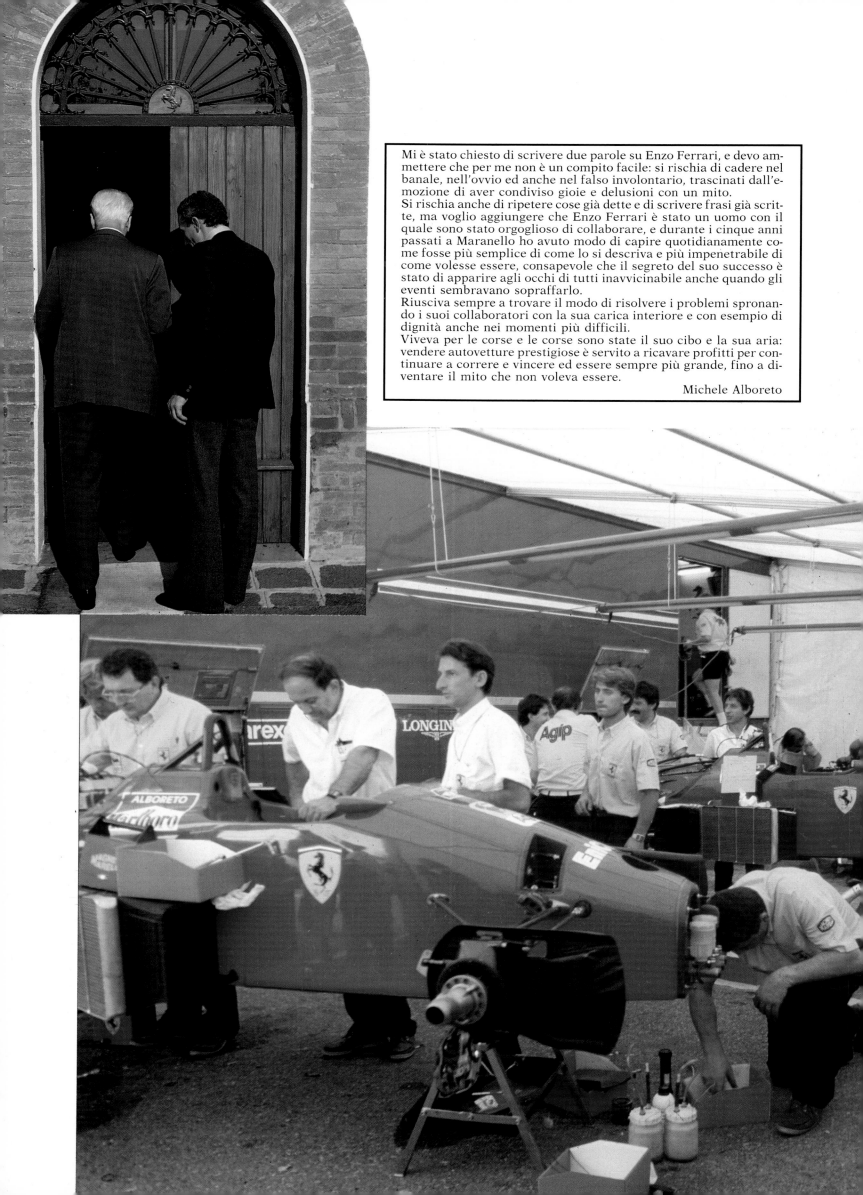

Mi è stato chiesto di scrivere due parole su Enzo Ferrari, e devo ammettere che per me non è un compito facile: si rischia di cadere nel banale, nell'ovvio ed anche nel falso involontario, trascinati dall'emozione di aver condiviso gioie e delusioni con un mito.

Si rischia anche di ripetere cose già dette e di scrivere frasi già scritte, ma voglio aggiungere che Enzo Ferrari è stato un uomo con il quale sono stato orgoglioso di collaborare, e durante i cinque anni passati a Maranello ho avuto modo di capire quotidianamente come fosse più semplice di come lo si descriva e più impenetrabile di come volesse essere, consapevole che il segreto del suo successo è stato di apparire agli occhi di tutti inavvicinabile anche quando gli eventi sembravano sopraffarlo.

Riusciva sempre a trovare il modo di risolvere i problemi spronando i suoi collaboratori con la sua carica interiore e con esempio di dignità anche nei momenti più difficili.

Viveva per le corse e le corse sono state il suo cibo e la sua aria: vendere autovetture prestigiose è servito a ricavare profitti per continuare a correre e vincere ed essere sempre più grande, fino a diventare il mito che non voleva essere.

Michele Alboreto

I was asked to write a few words about Enzo Ferrari, but I've got to admit it wasn't an easy job. Having shared moments of great joy as well as moments of deep dejection with such a legendary figure, I had to watch out and not let my emotional envolvement make me say banal or obvious things, and I especially didn't want to go overboard. What I also felt was important was not to repeat what so many others have already said about him. In brief, therefore, I can say, first of all, that having had the privilege of collaborating whit Enzo Ferrari is something that I'm indeed very proud of.

Furthermore, all during the five years I was at Maranello, there was never a day that went by that I wasn't able to see for myself what an uncomplicated man he was, in contrast to what many have said about him. What seemed to be an enigmatic behavior on his part was actually a pose and not the way he really was, because he fully realized that the secret to his success lay in the fact that others considered him to be unapproachable, and he stuck to this principle through thick and thin.

He also had a rare gift when it came to overcoming problems. His stick-toit-iveness and composure, even when things got rough, was an example and inspiration for all of his collaborators.

Racing was his life, his sustenance, the air he breathed. Building and selling prestigious automobiles was only an expedient for obtaining his principle objective: to race, win and continue reaping greater glory.

Although becoming a legend was never Enzo Ferrari's real intention, it was inevitable.

Michele Alboreto

BRAZIL

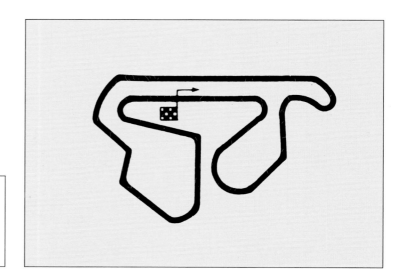

Data: 3 aprile 1988 - Circuito: Nelson Piquet - Distanza: 60 giri pari a km 301,860 - Direttore di gara: Mihaly Hidsay Spettatori: 70.000 - Condizioni atmosferiche: sole il venerdì; coperto il sabato e il giorno della gara con pioggia durante il warm-up.

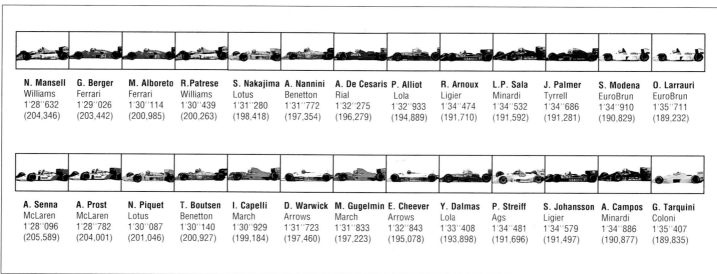

N. Mansell	G. Berger	M. Alboreto	R. Patrese	S. Nakajima	A. Nannini	A. De Cesaris	P. Alliot	R. Arnoux	L.P. Sala	J. Palmer	S. Modena	O. Larrauri
Williams	Ferrari	Ferrari	Williams	Lotus	Benetton	Rial	Lola	Ligier	Minardi	Tyrrell	EuroBrun	EuroBrun
1'28''632	1'29''026	1'30''114	1'30''439	1'31''280	1'31''772	1'32''275	1'32''933	1'34''474	1'34''532	1'34''686	1'34''910	1'35''711
(204,346)	(203,442)	(200,985)	(200,263)	(198,418)	(197,354)	(196,279)	(194,889)	(191,710)	(191,592)	(191,281)	(190,829)	(189,232)

A. Senna	A. Prost	N. Piquet	T. Boutsen	I. Capelli	D. Warwick	M. Gugelmin	E. Cheever	Y. Dalmas	P. Streiff	S. Johansson	A. Campos	G. Tarquini
McLaren	McLaren	Lotus	Benetton	March	Arrows	March	Arrows	Lola	Ags	Ligier	Minardi	Coloni
1'28''096	1'28''782	1'30''087	1'30''140	1'30''929	1'31''723	1'31''833	1'32''843	1'33''408	1'34''481	1'34''579	1'34''886	1'35''407
(205,589)	(204,001)	(201,046)	(200,927)	(199,184)	(197,460)	(197,223)	(195,078)	(193,898)	(191,696)	(191,497)	(190,877)	(189,835)

L'ORDINE DI ARRIVO - *ARRIVAL ORDER*

	PILOTA	VETTURA	MEDIA	DISTACCO
	DRIVER	*CAR*	*AVERAGE*	*DELAY*
1.	**Alain Prost**	McLaren	188.438	
2.	**Gerhard Berger**	Ferrari	188.116	09''873
3.	**Nelson Piquet**	Lotus	186.224	1'08''581
4.	**Derek Warwich**	Arrows	186.072	1'13''348
5.	**Michele Alboreto**	Ferrari	186.033	1'14''556
6.	**Satoru Nakajima**	Lotus	180.540	a 1 giro
7.	**Thierry Boutsen**	Benetton	183.753	a 1 giro
8.	**Eddie Cheever**	Arrows	182.571	a 1 giro
9.	**Stefan Johansson**	Ligier	178.892	a 3 giri

I RITIRI - *WITHDRAWALS*

PILOTA	VETTURA	GIRI	CAUSA
DRIVER	*CAR*	*LAPS*	*REASON*
Andrea De Cesaris	Rial	53	Motore
Jonathan Palmer	Tyrrell	47	Semiasse
Luis Perez Sala	Minardi	46	Supporto alettone
Philippe Alliot	Lola	40	Motore
Gabriele Tarquini	Coloni	35	Cuscinetto
Philippe Streiff	Ags	35	Pompa benzina
Yannick Dalmas	Lola	32	Motore
Ayrton Senna	McLaren	31	Squalifica
René Arnoux	Ligier	23	Frizione
Stefano Modena	EuroBrun	20	Motore
Nigel Mansell	Williams	18	Motore
Alessandro Nannini	Benetton	7	Motore
Riccardo Patrese	Williams	6	Motore
Ivan Capelli	March	6	Motore
Adrian Campos	Minardi	5	Supporto motore
Mauricio Gugelmin	March	0	Frizione
Oscar Larrauri	EuroBrun	0	Impianto elettrico

I TEMPI MIGLIORI IN GARA
BEST LAPS

PILOTA E VETTURA	GIRO	TEMPO	MEDIA KMH
DRIVER AND CAR	*LAP*	*TIME*	*KMH AVERAGE*
Berger (Ferrari)	45	1'32''943	194.868
Alboreto (Ferrari)	39	1'33''193	194.345
Prost (McLaren)	57	1'33''540	193.624
Nakajima (Lotus)	47	1'33''903	192.876
Piquet (Lotus)	44	1'33''957	192.765
De Cesaris (Rial)	44	1'34''440	191.779
Boutsen (Benetton)	31	1'34''457	191.744
Cheever (Arrows)	46	1'34''632	191.390
Senna (McLaren)	13	1'34''657	191.339
Dalmas (Lola)	32	1'35''003	190.642
Warwick (Arrows)	44	1'35''020	190.608
Mansell (Williams)	10	1'35''346	189.957
Johansson (Ligier)	44	1'36''429	187.823
Streiff (Ags)	34	1'36''451	187.780
Alliot (Lola)	31	1'36''613	187.465
Nannini (Benetton)	3	1'36''616	187.460
Palmer (Tyrrell)	38	1'36''758	187.185
Sala (Minardi)	43	1'36''929	186.854
Patrese (Williams)	3	1'37''003	186.712
Capelli (March)	6	1'37''024	186.671
Tarquini (Coloni)	34	1'37''112	186.502
Modena (EuroBrun)	15	1'38''401	184.059
Arnoux (Ligier)	21	1'38''556	183.770
Campos (Minardi)	3	1'41''641	178.192

Il Gran Premio del Brasile, com'era già avvenuto in Argentina all'epoca dei trionfi di Juan Manuel Fangio, è nato sull'onda dei successi di un campione di casa, quell'Emerson Fittipaldi, definito "O rey" della velocità.

La prima edizione, valida per il mondiale, risale infatti al 1973, con Fittipaldi che aveva appena conquistato il suo primo titolo di campione del mondo al volante della Lotus.

La gara venne organizzata sul tortuoso circuito di Interlagos, situato alle porte della sconfinata San Paolo, la città che ha dato i natali proprio a Fittipaldi e dove la passione motoristica è seconda soltanto al calcio.

L'edizione del '73, quasi un segno del destino, vide la vittoria dell'idolo paulista, capace di ripetersi ancora l'anno successivo, questa volta alla guida di una McLaren. E sempre un pilota brasiliano, Carlos Pace, sfortunato rivale di Fittipaldi, s'impose nel 1975 con la Brabham.

Nel 1978 il Gran Premio del Brasile cambiava sede. Veniva trasferito da San Paolo nella più turistica Rio de Janeiro. La corsa del debutto nel nuovo autodromo di Jacarepaguà vedeva il trionfo della Ferrari di Carlos Reutemann. Nel '79 e nell'80 il Gran Premio ritornava ad Interlagos, ma dall'anno successivo a vincere definitivamente questa specie di derby automobilistico era Rio. Per correre ancora nell'impianto di San Paolo sarebbero stati necessari notevoli lavori di ammodernamento, che gli organizzatori paulisti non si sentivano di affrontare.

Per la Formula 1 l'abbandono di Interlagos è stato senza dubbio una grave perdita, in quanto si trattava di uno di quei rari circuiti in cui il talento di un pilota aveva modo di esprimersi completamente.

Al contrario, la pista di Rio presenta un percorso piatto, con un rettilineo da 300 all'ora e un tratto misto dalle caratteristiche anonime.

Sul circuito di Jacarepaguà i fasti dei campioni brasiliani sono stati rinverditi da Nelson Piquet, che è riuscito a vincervi in due occasioni, nell'83 con la Brabham e nell'86 con la Williams.

L'autentico uomo di Rio è, però, Alain Prost, che, sulla calda pista brasiliana, ha fin'ora ottenuto un pokerissimo, vale a dire cinque vittorie, una con la Renault (1982) e quattro con La McLaren ('84, '85, '87 e '88).

Fra le scuderie quella che vanta la migliore tradizione è la McLaren, con cinque successi, ma anche la Ferrari, nella seconda metà degli anni '70, si è fatta onore, conquistando una vittoria con Niki Lauda e due con Carlos Reutemann.

Rio, che all'inizio aveva accolto il circo della Formula 1 con simpatia, ma senza particolari entusiasmi, riservati esclusivamente ai campioni del calcio che hanno il loro tempio nel Maracanà, con il trascorrere del tempo ha imparato ad amare il suo Gran Premio. Lo testimoniano le tribune che vengono aggiunte ad ogni nuova stagione, con i conseguenti record d'incassi. Sarà per la sua collocazione geografica, per le sue spiagge, per l'avvenenza delle ragazze d'Ipanema e di Leblon, ma quello di Rio è senza dubbio uno dei Gran Premi preferiti dal cosmopolita mondo della Formula 1.

Just as the victories of Juan Manuel Fangio had brought on the creation of the Grand Prix of Argentina, so did the victories of Emerson Fittipaldi - called the "King of Speed" by his country men - bring on the creation of the Grand Prix of Brazil.

The first Brazil Grand Prix - for the world championship - took place in 1973, with Fittipaldi who had just won the world title at the wheel of a Lotus.

The race was run on the serpentine Interlagos track which is located just outside San Paolo, Fittipaldi's home town where autoracing would be the most popular spectator sport were it not for soccer.

After Fittipaldi's victory in this 1973 race, he gave his wild San Paolo fans an encore the following year driving a McLaren. His not-so-lucky rival, Carlos Pace - also a Brazilian - finally got his turn to win in the 1975 race, in which he drove a Brabham.

In 1978, the Grand Prix of Brazil changed location and was transferred to that famous tourist town Rio de Janeiro. This race - which was the debut for the new Jacarepaguà track - was won by Carlos Reutemann in his spectacular Ferrari. In 1979 and 1980, this Grand Prix event was again held at the Interlagos track; but in the following year it was tranferred back to Rio to stay. The reason for this back-and-forth business is that the San Paolo track needed a lot of remodernizing work, and the San Paolo track authorities decided they did not want to go to this expense.

This was too bad, however, for the Formula 1 events, because the track at Interlagos was one of those rare tracks where a driver can really fully demonstrate his talents.

The Jacarepaguà track, on the other hand, is pretty flat, consisting of a 300 kph straight-away and a heterogeneous section with nondescript characteristics.

Nelson Piquet revived the Brazilian victories previously attained on the Jacarepaguà track by his wins on that track in '83, in a Brabham, and in '86, in a Williams.

But the real "man from Rio" is Alain Prost, who racked up five victories on that hot Brazilian track: one in a Renault ('82), and four in a McLaren ('84, '85, '87 & '88).

The McLaren stables have the most to be proud about: 5 wins. But in the latter half of the '70s, Ferrari also had sufficient reason to feel a little cocky, with its one victory with Niki Lauda and two with Carlos Reutemann.

In Rio, all the soccer events are held in Maracanà, the Brazilian temple of their beloved soccer. But, although the Formula 1 events had been received with interest but did not receive the same kind of enthusiasm shown for soccer, the Brazilians soon learned to love its Grand Prix. This can be seen from the way the stands keep enlarging from year to year and how box receipts keep mounting up. With due consideration for Rio's geographic location, its beautiful beaches and lovely girls from Ipanema and Leblon, it still remains a fact that the Grand Prix of Brazil is a favorite with all cosmopolitan Formula 1 enthusiasts.

SAN MARINO

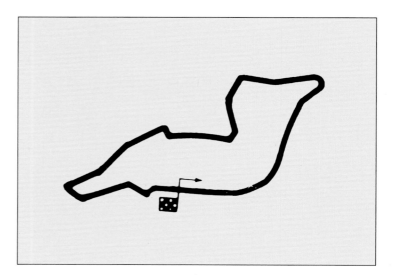

Data: 1 maggio 1988 - Circuito: Dino Ferrari - Distanza: 60 giri pari a km 302,400 - Direttore di gara: Luciano Conti Spettatori: 110.000 Condizioni atmosferiche: coperto con pioggia venerdì e sabato; nuvoloso il giorno della gara.

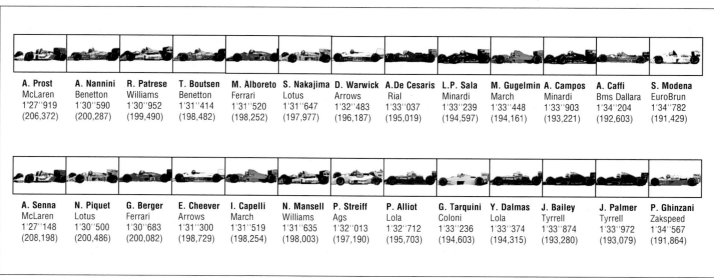

A. Prost	A. Nannini	R. Patrese	T. Boutsen	M. Alboreto	S. Nakajima	D. Warwick	A.De Cesaris	L.P. Sala	M. Gugelmin	A. Campos	A. Caffi	S. Modena
McLaren	Benetton	Williams	Benetton	Ferrari	Lotus	Arrows	Rial	Minardi	March	Minardi	Bms Dallara	EuroBrun
1"27"919	1'30"590	1'30"952	1'31"414	1'31"520	1'31"647	1'32"483	1'33"037	1'33"239	1'33"448	1'33"903	1'34"204	1'34"782
(206,372)	(200,287)	(199,490)	(198,482)	(198,252)	(197,977)	(196,187)	(195,019)	(194,597)	(194,161)	(193,221)	(192,603)	(191,429)

A. Senna	N. Piquet	G. Berger	E. Cheever	I. Capelli	N. Mansell	P. Streiff	P. Alliot	G. Tarquini	Y. Dalmas	J. Bailey	J. Palmer	P. Ghinzani
McLaren	Lotus	Ferrari	Arrows	March	Williams	Ags	Lola	Coloni	Lola	Tyrrell	Tyrrell	Zakspeed
1"27"148	1'30"500	1'30"683	1'31"300	1'31"519	1'31"635	1'32"013	1'32"712	1'33"236	1'33"374	1'33"874	1'33"972	1'34"567
(208,198)	(200,486)	(200,082)	(198,729)	(198,254)	(198,003)	(197,190)	(195,703)	(194,603)	(194,315)	(193,280)	(193,079)	(191,864)

L'ORDINE DI ARRIVO - ARRIVAL ORDER

	PILOTA	VETTURA	MEDIA	DISTACCO
	DRIVER	*CAR*	*AVERAGE*	*DELAY*
1.	**Ayrton Senna**	McLaren	195.754	
2.	**Alain Prost**	McLaren	195.672	.02"334
3.	**Nelson Piquet**	Lotus	192.230	a 1 giro
4.	**Thierry Boutsen**	Benetton	192.211	a 1 giro
5.	**Gerhard Berger**	Ferrari	192.186	a 1 giro
6.	**Alessandro Nannini**	Benetton	191.992	a 1 giro
7.	**Eddie Cheever**	Arrows	190.645	a 1 giro
8.	**Satoru Nakajima**	Lotus	189.749	a 1 giro
9.	**Derek Warwick**	Arrows	189.160	a 2 giri
10.	**Philippe Streiff**	Ags	188.720	a 2 giri
11.	**Luis Perez Sala**	Minardi	188.541	a 2 giri
12.	**Yannick Dalmas**	Lola	188.405	a 2 giri
13.	**Riccardo Patrese**	Williams	188.190	a 2 giri
14.	**Jonathan Palmer**	Tyrrell	188.126	a 2 giri
15.	**Mauricio Gugelmin**	March	187.763	a 2 giri
16.	**Adrian Campos**	Minardi	185.477	a 3 giri
17.	**Philippe Alliot**	Lola	183.926	a 3 giri
18.	**Michele Alboreto**	Ferrari	190.582	a 6 giri

I RITIRI - WITHDRAWALS

PILOTA	VETTURA	GIRI	CAUSA
DRIVER	*CAR*	*LAPS*	*REASON*
Andrea De Cesaris	Rial	0	Scocca
Ivan Capelli	March	2	Coppia conica
Piercarlo Ghinzani	Zakspeed	16	Cambio
Alessandro Caffi	Bms Dallara	18	Cambio
Gabriele Tarquini	Coloni	40	Acceleratore
Nigel Mansell	Williams	42	Motore
Julian Bailey	Tyrrell	48	Non classificato
Stefano Modena	EuroBrun	52	Non classificato

I TEMPI MIGLIORI IN GARA
BEST LAPS

PILOTA E VETTURA	GIRO	TEMPO	MEDIA KMH
DRIVER AND CAR	*LAP*	*TIME*	*KMH AVERAGE*
Prost (McLaren)	53	1'29"685	202.308
Senna (McLaren)	56	1'29"815	202.015
Berger (Ferrari)	56	1'31"394	198.525
Alboreto (Ferrari)	50	1'31"864	197.509
Cheever (Arrows)	49	1'32"017	197.181
Nannini (Benetton)	57	1'32"034	197.145
Boutsen (Benetton)	55	1'32"317	196.540
Mansell (Williams)	35	1'32"372	196.423
Piquet (Lotus)	57	1'32"414	196.334
Patrese (Williams)	32	1'32"758	195.606
Alliot (Lola)	56	1'32"863	195.385
Nakajima (Lotus)	58	1'33"209	194.659
Modena (EuroBrun)	49	1'33"214	194.649
Dalmas (Lola)	56	1'33"623	193.799
Palmer (Tyrrell)	54	1'33"660	193.722
Gugelmin (March)	55	1'33"890	193.247
Sala (Minardi)	57	1'34"014	192.993
Warwick (Arrows)	41	1'34"056	192.906
Streiff (Ags)	41	1'34"226	192.558
Bailey (Tyrrell)	48	1'35"288	190.412
Tarquini (Coloni)	31	1'35"395	190.199
Campos (Minardi)	39	1'35"708	189.577
Ghinzani (Zakspeed)	14	1'36"122	188.760
Caffi (Bms Dallara)	17	1'36"285	188.441
Capelli (March)	2	1'37"842	185.442

La seconda prova italiana valida per il campionato del mondo di Formula 1 ha trovato la sua sede naturale in Romagna e più precisamente ad Imola, il cui circuito è stato intitolato alla memoria del figlio di Enzo Ferrari, lo sfortunato Dino, scomparso in giovane età.

Se il tracciato che si snoda in prossimità del fiume Santerno si è trasformato in un moderno autodromo lo si deve ad un gruppo di uomini, guidati da Luciano Conti, l'editore di Autosprint, e dal povero Moruzzi. Sono loro che a tutti i costi, confortati dall'appoggio di Enzo Ferrari, hanno voluto la Formula 1. Erano giustamente convinti che Imola e l'appassionata gente dell'Emilia e della Romagna, dove si è particolarmente sensibili al fascino delle donne procaci e della buona tavola, meritasse un Gran Premio.

Alle origini, quello di Imola era un tracciato semipermanente di un certo richiamo, tanto da essere soprannominato il piccolo Nurburgring. Soltanto alla fine degli anni '70 è stato trasformato in un impianto modello, dotato di box spaziosi, di un'ampia sala stampa, di salette di rappresentanza riservate agli sponsor.

In un primo momento l'autodromo di Imola sembrava destinato ad ospitare, in rotazione con Monza, il Gran Premio d'Italia, che, infatti, vi venne organizzato nel 1980.

Ad evitare quella che già si preannunciava come una spiacevole guerra fra gli autodromi di Monza e di Imola, intervenne un'abile trovata dei nostri dirigenti automobilistici, che permise a Monza di conservare il Gran Premio d'Italia, mentre ad Imola venne affidata l'organizzazione del Gran Premio di San Marino, una nuova gara, il cui inserimento in calendario trovò l'approvazione generale.

Del resto, due prove valide per il mondiale allestite in Italia non erano che la logica conseguenza di un movimento che nel nostro paese trova buona parte delle sue leve, a cominciare dagli sponsor, per non parlare poi della Ferrari, la più prestigiosa scuderia del mondo, delle altre squadre e di un fiorente vivaio di piloti.

Ogni stagione il Gran Premio di San Marino riscuote un sempre maggior successo, grazie all'abilità dell'ingegner Roberto Nosetto, direttore dell'autodromo, e precedentemente direttore sportivo della Ferrari.

Unico neo di una certa entità, la mancanza di una ricettività alberghiera pari all'avvenimento, anche se, ultimamente, sono stati inaugurati nuovi hotel. Al classico Mulino Rosso, che si trova proprio all'uscita dell'autostrada Bologna-Bari, si sono aggiunti il comodo Olimpia, situato all'ingresso dell'autodromo, e l'Imola Residence, quartier generale della Lotus.

Il Gran Premio di San Marino vuol dire anche San Domenico, il raffinato ristorante, nel cuore di Imola, dove impera Gianluigi Morini con la sua interpretazione della nouvelle cuisine.

The second Italian Formula 1 world championship event could not have been held in a more appropriate place: Imola, in the province of Romagna. This track was named after Enzo Ferrari's son, Dino, who died prematurely at a very early age.

This track, which winds along the Santerno river, was transformed into a modern racetrack through the efforts of a group of men headed by Luciano Conti - the editor of Autosprint - and the now-deceased Moruzzi. Encouraged by Enzo Ferrari's support, they were determined at all costs to make the Imola track a Formula 1 track. There was no doubt in their minds that the generous, fun-loving, passionate, lovers of fine food of the Emilia and Romagna regions truly deserved to have their Grand Prix.

The Imola track started out as a semipermanent track that had a certain amount of fascination; in fact, it was nicknamed the "small Nurburgring". It was not until the end of the '70s that it was turned into a model racetrack, with large pits, a large press room, special rooms for sponsors' representatives.

At the outset, Imola was to have shared the Italian Grand Prix honors with Monza; in fact, the Grand Prix event was held in Imola in 1980.

As was suspected, there was the possibility of hard feelings being created between the two racetracks. So, to keep this from happening, the Italian racing authorities decided to let the Italian Grand Prix be run at Monza and leave the San Marino Grand Prix for Imola. This latter event was a new one, and its being included in the calendar was generally well received.

After all, having two world racing events in Italy was the logical consequence of a movement in our country that was mostly promoted by the sponsors, not to mention Ferrari - world's most prestigious racing team, the other racing teams, and its very promising group of up-and-coming drivers.

Thanks to the ability of Roberto Nosetto - an engineer and the director of the Imola racetrack, as well as former racing director for Ferrari - each San Marino Grand Prix turns out to be even more successful than the last.

There still could be some improvement, however, as regards the hotel accomodations. Although some new hotels have been built, the available accomodations - which include the classical Mulino Rosso, located at the Bologna-Bari speedway exit, and the quite recent and comfortable Olimpia, located at the entrance to the racetrack grounds, and the Imola Residence, which is the Lotus general headquarters - could be further expanded to more completely take care of the people attending these important events.

The San Marino Grand Prix also means the San Domenico restaurant, located in the center of Imola, and with Gianluigi Morini featuring his interpretations of the new cuisine.

MONACO

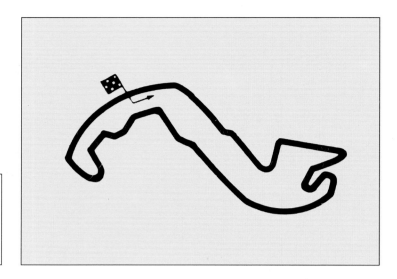

Data: 15 maggio 1988 - Circuito: Montecarlo - Distanza: 78 giri pari a km 259,584 - Direttore di gara: Roland Bruynseraede - Spettatori: 60.000 circa - Condizioni atmosferiche: coperto con pioggia il giovedì e sabato nuvoloso.
Pioggia durante il warm up e soleggiato durante la gara.

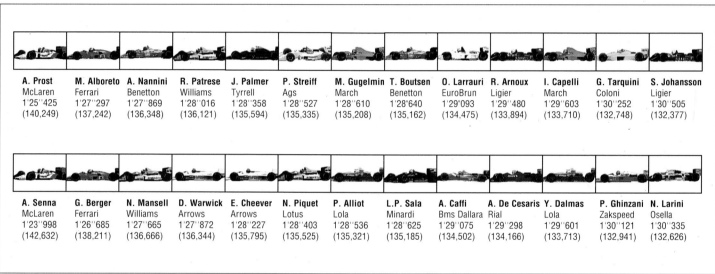

A. Prost	M. Alboreto	A. Nannini	R. Patrese	J. Palmer	P. Streiff	M. Gugelmin	T. Boutsen	O. Larrauri	R. Arnoux	I. Capelli	G. Tarquini	S. Johansson
McLaren	Ferrari	Benetton	Williams	Tyrrell	Ags	March	Benetton	EuroBrun	Ligier	March	Coloni	Ligier
1'25''425	1'27''297	1'27''869	1'28''016	1'28''358	1'28''527	1'28''610	1'28''640	1'29''093	1'29''480	1'29''603	1'30''252	1'30''505
(140,249)	(137,242)	(136,348)	(136,121)	(135,594)	(135,335)	(135,208)	(135,162)	(134,475)	(133,894)	(133,710)	(132,748)	(132,377)

A. Senna	G. Berger	N. Mansell	D. Warwick	E. Cheever	N. Piquet	P. Alliot	L.P. Sala	A. Caffi	A. De Cesaris	Y. Dalmas	P. Ghinzani	N. Larini
McLaren	Ferrari	Williams	Arrows	Arrows	Lotus	Lola	Minardi	Bms Dallara	Rial	Lola	Zakspeed	Osella
1'23''998	1'26''685	1'27''665	1'27''872	1'28''227	1'28''403	1'28''536	1'28''625	1'29''075	1'29''298	1'29''601	1'30''121	1'30''335
(142,632)	(138,211)	(136,666)	(136,344)	(135,795)	(135,525)	(135,321)	(135,185)	(134,502)	(134,166)	(133,713)	(132,941)	(132,626)

L'ORDINE DI ARRIVO - *ARRIVAL ORDER*

	PILOTA	VETTURA	MEDIA	DISTACCO
	DRIVER	*CAR*	*AVERAGE*	*DELAY*
1.	**Alain Prost**	McLaren	132.797	
2.	**Gerard Berger**	Ferrari	132.405	.20''853
3.	**Michele Alboreto**	Ferrari	132.023	.41''229
4.	**Derek Warwick**	Arrows	131.008	a 1 giro
5.	**Jonathan Palmer**	Tyrrell	130.747	a 1 giro
6.	**Riccardo Patrese**	Williams	129.893	a 1 giro
7.	**Yannick Dalmas**	Lola	129.857	a 1 giro
8.	**Thierry Boutsen**	Benetton	129.281	a 2 giri
9.	**Nicola Larini**	Osella	127.028	a 3 giri
10.	**Ivan Capelli**	March	121.471	a 6 giri

I RITIRI - *WITHDRAWALS*

PILOTA	VETTURA	GIRI	CAUSA
DRIVER	*CAR*	*LAPS*	*REASON*
Philippe Streiff	Ags	0	Distribuzione
Alessandro Caffi	Bms Dallara	0	Incidente
Nelson Piquet	Lotus	0	Sospensione
Gabriele Tarquini	Coloni	5	Bullone sospensione
Stefan Johansson	Ligier	5	Alimentazione
Eddie Cheever	Arrows	8	Centralina
Oscar Larrauri	EuroBrun	14	Freni
René Arnoux	Ligier	17	Motore
Andrea De Cesaris	Rial	28	Cambio
Nigel Mansell	Williams	32	Incidente
Luis Perez Sala	Minardi	36	Semiasse
Alessandro Nannini	Benetton	38	Cambio
Piercarlo Ghinzani	Zakspeed	43	Cambio
Mauricio Gugelmin	March	45	Motore
Philippe Alliot	Lola	51	Incidente
Ayrton Senna	McLaren	66	Incidente

I TEMPI MIGLIORI IN GARA
BEST LAPS

PILOTA E VETTURA	GIRO	TEMPO	MEDIA KMH
DRIVER AND CAR	*LAP*	*TIME*	*KMH AVERAGE*
Senna (McLaren)	59	1'26"321	138.794
Prost (McLaren)	57	1'26"714	138.165
Patrese (Williams)	75	1'28"411	135.513
Dalmas (Lola)	74	1'28"465	135.430
Berger (Ferrari)	56	1'28"899	134.769
Alboreto (Ferrari)	36	1'28"931	134.720
Mansell (Williams)	25	1'28"975	34.654
Warwick (Arrows)	38	1'29"618	133.687
Capelli (March)	25	1'29"642	133.652
Nannini (Benetton)	13	1'29"693	133.576
Boutsen (Benetton)	62	1'29"831	133.370
Gugelmin (March)	32	1'29"934	133.218
Palmer (Tyrrell)	34	1'30"171	132.868
Sala (Minardi)	26	1'30"226	132.787
De Cesaris (Rial)	21	1'30"397	132.535
Alliot (Lola)	22	1'30"749	132.021
Larini (Osella)	49	1'31"635	130.745
Cheever (Arrows)	7	1'31"757	130.571
Ghinzani (Zakspeed)	41	1'32"308	129.792
Larrauri (EuroBrun)	7	1'32"320	129.775
Arnoux (Ligier)	8	1'32"797	129.108
Tarquini (Coloni)	4	1'33"570	128.041
Johansson (Ligier)	5	1'34"016	127.434

È stato un uomo considerato stravagante ai suo tempi, ma dal carattere forte, Anthony Noghes, a sognare prima e concretizzare poi l'idea di un Gran Premio da corrersi nelle impossibili stradine di Montecarlo.

Era la primavera del 1929, quando, per la prima volta, le monoposto da Gran Premio si esibirono nel Principato. Quella che sembrava una follia era divenuta una realtà destinata a durare nel tempo.

È una gara, infatti, che per il fascino unico ha resistito all'usura degli anni, ai cambiamenti delle mode e dei gusti, sfuggendo persino alla logica che vorrebbe anacronistico far correre vetture tecnologicamente avanzate su di un simile tracciato.

Il circuito cittadino del Principato è di quelli che esaltano particolarmente le doti di un pilota, si tratta insomma di una delle rare gare dove l'uomo conta più della macchina, dove il più banale degli errori viene punito duramente. Basta toccare un marciapiede, un guard-rail per essere eliminati dalla corsa.

Il re del Gran Premio di Monaco è Graham Hill. Il pilota inglese è riuscito a vincerlo ben cinque volte, tre con la BRM (1963, '64, '65) e due con la Lotus ('68 e '69)

Adesso, però, la gara ha trovato un nuovo dominatore in Alain Prost, che si è imposto in quattro occasioni, l'ultima quest'anno, sempre al volante della McLaren. Il campione francese, detentore di tanti record, ha più volte ripetuto che ci terrebbe almeno ad affiancarsi a Graham Hill e, adesso, l'impresa sembra veramente alla sua portata.

Per la Ferrari, che proprio a Montecarlo ha fatto il suo debutto nel mondiale di Formula 1, nel 1950, il circuito monegasco ha rappresentato una specie di maledizione, tanto è vero che, fino alla metà degli anni 70, era riuscita a vincervi una sola volta, con Trintignant nel 1955. Poi doveva venire l'epoca di Niki Lauda, trionfatore a Montecarlo nel 1975 e nel 1976. E sempre a Montecarlo la scuderia del Cavallino rampante, grazie a Gilles Villeneuve, è riuscita a conquistare il suo primo successo con il turbo.

Nonostante la pericolosità, la corsa cara al Principe Ranieri e a tutta la sua augusta famiglia ha conosciuto una sola pagina nera, nel 1967, quando lo sfortunato Lorenzo Bandini morì in seguito alle ferite e alle ustioni riportate in un grave incidente all'uscita della chicane sul porto.

Montecarlo sta alla Formula 1, come Wimbledon al tennis. Anche se sono cambiati i nomi dei protagonisti, si susseguono, puntuali, i più classici riti mondani, che hanno nell'Hotel de Paris il ritrovo più ambito, con il suo bar, i suoi ristoranti, i suoi appartamenti che si affacciano sul circuito.

The idea of having a Grand Prix event on the impossible narrow streets of the city of Montecarlo was first conceived and later realized by Anthony Noghes, a man with a strong character who was considered quite extravagant for his times.

The single-seat racing cars made their first appearance in the Montecarlo Grand Prix in the spring of 1929. What seemed to be pure folly turned out to be a reality that was destined to live on for a long time.

In fact, the unique fascination of this race has stood up under the passing of time and the change in tastes and styles; it was even immune to the logical unsuitability of racing technologically advanced cars on such a track.

This city-street track really requires all the skill the driver can muster; it is the driver who is really important in this race, not the car. Even the slightest error on the part of the driver can be very serious; just slightly brushing the curb or a guard-rail can mean being eliminated.

The king of the Montecarlo Grand Prix is Graham Hill, the English driver who won five times: three times in a BRM ('63, '64, '65) and twice in a Lotus ('68 & '69).

But now the race has a new star: Alain Prost. He has won four times, the last time being this year, and each time in a McLaren. This French champion has often expressed how much he would like to at least tie Graham Hill's record. It now looks like he might even be able to have his wish.

The Ferrari, which made its Formula 1 world championship debut on the Montecarlo track in 1950, has always been unlucky with this track. In fact, up until the mid-'70s, it had only won once; this was in 1955, with Trintignant driving. Then, Niki Lauda made his appearance on the scene and gave Ferrari two Montecarlo victories: one in '75 and one in '76. And it was at Montecarlo that the "rampant horse" team - thanks to Gilles Villeneuve - won its first event with the turbo.

This dangerous Montecarlo race, which Prince Ranieri and his royal family love so dearly, has only one dark page in its history. This was in 1967 when Lorenzo Bandini had a bad accident as he came out of the port chicane and died as a result of his injuries.

The Montecarlo event is to the Formula 1 as Wimbledon is to tennis. Even if the names of the protagonists are now different, the most classical mundane rites take place punctually at the famous Hotel de Paris, with its bar, restaurants, and its apartments that provide a view of the track.

MEXICO

Data: 29 maggio 1988 - Circuito: Pedro y Ricardo Rodriguez - Distanza: 67 giri pari a km 296,207 - Direttore di gara: Roberto Arnstein Raela - Spettatori: 100 mila - Condizioni atmosferiche: sole venerdì e sabato. Coperto e ventilato in gara.

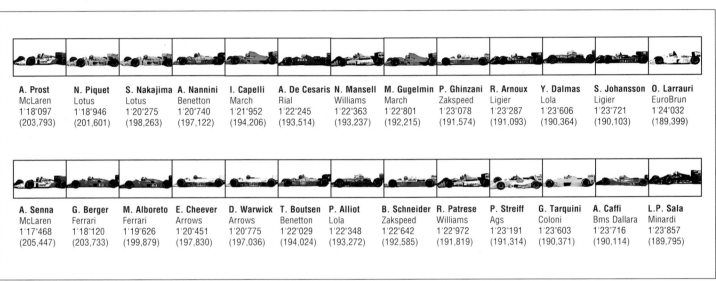

A. Prost	N. Piquet	S. Nakajima	A. Nannini	I. Capelli	A. De Cesaris	N. Mansell	M. Gugelmin	P. Ghinzani	R. Arnoux	Y. Dalmas	S. Johansson	O. Larrauri
McLaren	Lotus	Lotus	Benetton	March	Rial	Williams	March	Zakspeed	Ligier	Lola	Ligier	EuroBrun
1'18"097	1'18"946	1'20"275	1'20"740	1'21"952	1'22"245	1'22"363	1'22"801	1'23"078	1'23"287	1'23"606	1'23"721	1'24"032
(203,793)	(201,601)	(198,263)	(197,122)	(194,206)	(193,514)	(193,237)	(192,215)	(191,574)	(191,093)	(190,364)	(190,103)	(189,399)

A. Senna	G. Berger	M. Alboreto	E. Cheever	D. Warwick	T. Boutsen	P. Alliot	B. Schneider	R. Patrese	P. Streiff	G. Tarquini	A. Caffi	L.P. Sala
McLaren	Ferrari	Ferrari	Arrows	Arrows	Benetton	Lola	Zakspeed	Williams	Ags	Coloni	Bms Dallara	Minardi
1'17"468	1'18"120	1'19"626	1'20"451	1'20"775	1'22"029	1'22"348	1'22"642	1'22"972	1'23"191	1'23"603	1'23"716	1'23"857
(205,447)	(203,733)	(199,879)	(197,830)	(197,036)	(194,024)	(193,272)	(192,585)	(191,819)	(191,314)	(190,371)	(190,114)	(189,795)

L'ORDINE DI ARRIVO - ARRIVAL ORDER

	PILOTA	VETTURA	MEDIA	DISTACCO
	DRIVER	CAR	AVERAGE	DELAY
1.	**Alain Prost**	McLaren	196.898	
2.	**Ayrton Senna**	McLaren	196.640	.07"104
3.	**Gerhard Berger**	Ferrari	194.836	.57"314
4.	**Michele Alboreto**	Ferrari	193.234	a 1 giro
5.	**Derek Warwick**	Arrows	191.335	a 1 giro
6.	**Eddie Cheever**	Arrows	191.318	a 1 giro
7.	**Alessandro Nannini**	Benetton	188.637	a 2 giri
8.	**Thierry Boutsen**	Benetton	187.974	a 3 giri
9.	**Yannick Dalmas**	Lola	185.723	a 3 giri
10.	**Stefan Johansson**	Ligier	184.921	a 4 giri
11.	**Luis Perez Sala**	Minardi	183.304	a 4 giri
12.	**Philippe Streiff**	Ags	182.820	a 4 giri
13.	**Oscar Larrauri**	EuroBrun	182.411	a 4 giri
14.	**Gabriele Tarquini**	Coloni	181.844	a 5 giri
15.	**Piercarlo Ghinzani**	Zakspeed	178.270	a 6 giri
16.	**Ivan Capelli**	March	176.582	a 6 giri

I RITIRI - WITHDRAWALS

PILOTA	VETTURA	GIRI	CAUSA
DRIVER	CAR	LAPS	REASON
Philippe Alliot	Lola	0	Abbandono
Mauricio Gugelmin	March	10	Impianto elettrico
Alessandro Caffi	Bms Dallara	13	Incidente
René Arnoux	Ligier	13	Incidente
Riccardo Patrese	Williams	16	Motore
Bernd Schneider	Zakspeed	16	Turbina
Nigel Mansell	Williams	20	Motore
Satoru Nakajima	Lotus	27	Turbocompressore
Andrea De Cesaris	Rial	52	Cambio
Nelson Piquet	Lotus	58	Abbandono

I TEMPI MIGLIORI IN GARA

BEST LAPS

PILOTA E VETTURA	GIRO	TEMPO	MEDIA KMH
DRIVER AND CAR	LAP	TIME	KMH AVERAGE
Prost (McLaren)	52	1'18"608	202.468
Senna (McLaren)	53	1'18"776	202.036
Piquet (Lotus)	52	1'20"124	198.637
Berger (Ferrari)	37	1'20"160	198.548
Alboreto (Ferrari)	57	1'20"186	198.484
Cheever (Arrows)	52	1'21"056	196.353
Warwick (Arrows)	51	1'21"068	196.324
Capelli (March)	45	1'22"375	193.209
Nakajima (Lotus)	27	1'22"477	192.970
Nannini (Benetton)	57	1'22"483	192.956
Streiff (Ags)	58	1'22"703	192.443
Boutsen (Benetton)	50	1'22"822	192.166
De Cesaris (Rial)	50	1'23"118	191.482
Dalmas (Lola)	58	1'23"409	190.814
Johansson (Ligier)	49	1'23"553	190.485
Sala (Minardi)	50	1'24"369	188.643
Ghinzani (Zakspeed)	45	1'24"660	187.994
Schneider (Zakspeed)	16	1'24"704	187.897
Larrauri (EuroBrun)	34	1'25"057	187.117
Tarquini (Coloni)	60	1'25"072	187.084
Gugelmin (March)	8	1'25"246	186.702
Patrese (Williams)	16	1'25"697	185.719
Mansell (Williams)	18	1'26"061	184.934
Caffi (Bms Dallara)	13	1'27"076	182.778
Arnoux (Ligier)	8	1'27"524	181.843

Dopo aver ospitato il Gran Premio di Formula 1 dal 1963 al 1970, in anni particolarmente felici almeno dal punto di vista sportivo, il Messico ne era stato privato dalla Federazione internazionale, che riteneva il circuito della capitale non più idoneo ad ospitare una manifestazione tanto importante. Inoltre il pubblico messicano veniva accusato di indisciplina, tanto che le ultime edizioni della gara si erano svolte con la gente ai bordi della pista, ben oltre le barriere di sicurezza.

Per rilanciare il loro Gran Premio, a sedici anni dall'ultima effettuazione, gli organizzatori messicani hanno brillantemente ristrutturato il vecchio autodromo, situato in prossimità dell'aeroporto e adesso intitolato a due eroi nazionali, i fratelli Pedro e Ricardo Rodriguez, entrambi uccisi dalla loro passione per la velocità.

L'impianto, attualmente, è da catalogarsi fra i migliori ed è il tangibile risultato del grande sforzo sostenuto in un paese travagliato da tanti, troppi problemi, non ultimi quelli causati dal recente terremoto che ha sconvolto Città del Messico.

Sconfinata megalopoli, Città del Messico offre un ben triste spettacolo, assediata dalla miseria dei più, da un traffico sconvolgente e da un inquinamento atmosferico che ha superato ogni limite di guardia.

Sono probabilmente questi i motivi che rendono la trasferta messicana fra le meno gradite agli addetti ai lavori del circo della velocità.

La pista misura quattro chilometri e mezzo e si distingue per il tratto misto, impegnativo dal punto di vista della guida e per l'asfalto con poca aderenza, che tende a deteriorare i pneumatici. Inoltre, gareggiando ad oltre duemila metri sul livello del mare, la messa a punto delle vetture deve essere effettuata tenendo conto della rarefazione dell'aria.

Nella settimana del Gran Premio si vive fra l'autodromo e i lussuosi alberghi, autentiche isole per privilegiati, che rendono ancor più stridente il contrasto con la realtà locale.

Con un tragitto in automobile di poco più di mezz'ora si possono raggiungere le stupende piramidi azteche, simbolo dell'antica civiltà messicana distrutta dai conquistadores spagnoli.

Per i visitatori europei un altro problema è costituito dall'alimentazione. Se non si evitano con attenzione le verdure crude e l'acqua naturale è pressoché impossibile sfuggire alla così detta vendetta di Montezuma, che provoca stati febbrili e violente coliche. Anche i piloti ne sanno qualcosa...

Da evitare, infine, qualsiasi discussione con la polizia, che, spesso, rileva infrazioni stradali inesistenti. È d'uso riconoscere la mordida, vale a dire la bustarella... altrimenti si rischia di finire in guardina.

After the Mexican Formula 1 Grand Prix events held in 1963 and 1970 - which were particularly significant years for Mexico, at least from the sports point of view - the International Federation decided that the event could no longer be held in Mexico because the track was no longer in a good enough condition for such an important race. In addition, the people attending the events had become too undisciplined; in fact, during the last editions of the event, they were crossing the safety barriers and lining up along the edges of the track.

After a lapse of 16 years, the Mexican organizers decided to relaunch their Grand Prix by brilliantly restructuring the old racetrack located near the airport. This new restructured racetrack was named after two national heroes who gave their lives on the altar of their passion for speed: the brothers Pedro and Ricardo Rodriguez.

This track and its facilities are considered among the best in the world, and represent the results of an enormous effort made by a country that has had to go through a great number of difficulties in its recent history, including the disastrous earthquake that so strongly hit Mexico City.

Mexico City is enormous and extends as far as the eye can see: a sad spectacle of overcrowded conditions, poverty, chaotic traffic conditions and atmospheric pollution that has set a world-wide record.

Of course, none of these factors can contribute positively to the willingness of drivers, journalists, etc. to go to the Mexican Grand Prix events.

The 4 1/2 km track is typically of a mixed design - which requires great driving skill - and is characterized by an asphalt surfacing which does not adhere very well and tends to deteriorate the tires. Another drawback is a natural one which is due to Mexico City's elevation (over 7,000 ft.). The rarefied air requires the cars to be specially tuned to obtain maximum power.

During the week of the Grand Prix, people are either at the track or at one of the luxury hotels, these islands for the privileged that contrast so stridently with the reality of the local conditions.

The fabulous Aztec pyramids are just a little over a half hour's drive from town, and symbolize the ancient Mexican civilization that was destroyed by the Spanish conquistadors.

Food is another problem for the European visitor. The local water and raw vegetables will inevitably bring on the so-called "curse of Montezuma", with fever and violent intestinal disorders. The drivers have also been through this torture at one time or another.

Also, if there is one thing that one must never do, it is argue with the local traffic cops, who have no compunctions about accusing one of some nonexistent traffic violation. One can usually avoid serious consequences by complying with the local custom of slipping the officer a convincing tip.

CANADA

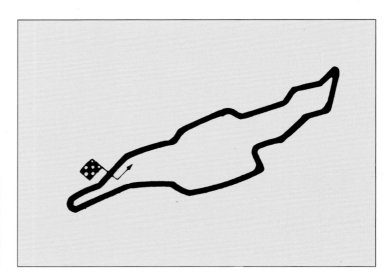

Data: 12 giugno 1988 - Circuito: Gilles Villeneuve - Distanza: 69 giri pari a km 302,910 - Direttore di gara: Roger Pearth - Spettatori: 70 mila - Condizioni atmosferiche: variabile durante le prove. Sole e vento in gara.

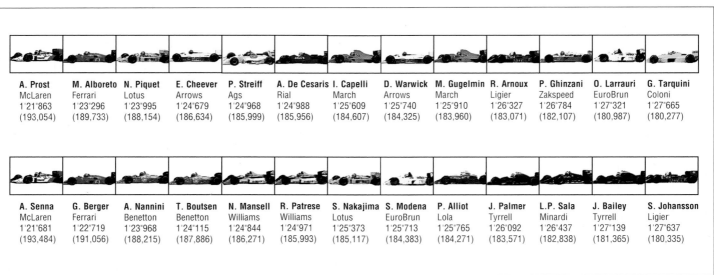

A. Prost	M. Alboreto	N. Piquet	E. Cheever	P. Streiff	A. De Cesaris	I. Capelli	D. Warwick	M. Gugelmin	R. Arnoux	P. Ghinzani	O. Larrauri	G. Tarquini
McLaren	Ferrari	Lotus	Arrows	Ags	Rial	March	Arrows	March	Ligier	Zakspeed	EuroBrun	Coloni
1'21"863	1'23"296	1'23"995	1'24"679	1'24"968	1'24"988	1'25"609	1'25"740	1'25"910	1'26"327	1'26"784	1'27"321	1'27"665
(193,054)	(189,733)	(188,154)	(186,634)	(185,999)	(185,956)	(184,607)	(184,325)	(183,960)	(183,071)	(182,107)	(180,987)	(180,277)

A. Senna	G. Berger	A. Nannini	T. Boutsen	N. Mansell	R. Patrese	S. Nakajima	S. Modena	P. Alliot	J. Palmer	L.P. Sala	J. Bailey	S. Johansson
McLaren	Ferrari	Benetton	Benetton	Williams	Williams	Lotus	EuroBrun	Lola	Tyrrell	Minardi	Tyrrell	Ligier
1'21"681	1'22"719	1'23"968	1'24"115	1'24"844	1'24"971	1'25"373	1'25"713	1'25"765	1'26"092	1'26"437	1'27"139	1'27"637
(193,484)	(191,056)	(188,215)	(187,886)	(186,271)	(185,993)	(185,117)	(184,383)	(184,271)	(183,571)	(182,838)	(181,365)	(180,335)

L'ORDINE DI ARRIVO - *ARRIVAL ORDER*

	PILOTA	VETTURA	MEDIA	DISTACCO
	DRIVER	*CAR*	*AVERAGE*	*DELAY*
1.	**Ayrton Senna**	McLaren	182.152	
2.	**Alain Prost**	McLaren	181.981	.05"634
3.	**Thierry Boutsen**	Benetton	180.601	.51"409
4.	**Nelson Piquet**	Lotus	178.495	a 1 giro
5.	**Ivan Capelli**	March	177.607	a 1 giro
6.	**Jonathan Palmer**	Tyrrell	176.262	a 2 giri
7.	**Derek Warwick**	Arrows	175.721	a 2 giri
8.	**Gabriele Tarquini**	Coloni	175.189	a 2 giri
9.	**Andrea De Cesaris**	Rial	178.366	a 3 giri
10.	**Philippe Alliot**	Lola	177.376	a 3 giri
11.	**Satoru Nakajima**	Lotus	173.237	a 3 giri
12.	**Stefano Modena**	EuroBrun	172.717	a 3 giri
13.	**Luis Perez Sala**	Minardi	167.815	a 5 giri
14.	**Piercarlo Ghinzani**	Zakspeed	172.048	a 6 giri

I RITIRI - *WITHDRAWALS*

PILOTA	VETTURA	GIRI	CAUSA
DRIVER	*CAR*	*LAPS*	*REASON*
Julian Bailey	Tyrrell	0	Incidente
Oscar Larrauri	EuroBrun	8	Assetto
Alessandro Nannini	Benetton	15	Pompa benzina
Gerhard Berger	Ferrari	22	Impianto elettrico
Stefan Johansson	Ligier	24	Motore
Nigel Mansell	Williams	28	Motore
Eddie Cheever	Arrows	31	Alimentazione
Riccardo Patrese	Williams	32	Motore
Michele Alboreto	Ferrari	33	Motore
René Arnoux	Ligier	36	Cambio
Philippe Streiff	Ags	41	Sospensione
Mauricio Gugelmin	March	54	Cambio

I TEMPI MIGLIORI IN GARA
BEST LAPS

PILOTA E VETTURA	GIRO	TEMPO	MEDIA KMH
DRIVER AND CAR	*LAP*	*TIME*	*KMH AVERAGE*
Senna (McLaren)	53	1'24"973	185.988
Prost (McLaren)	46	1'25"045	185.831
Boutsen (Benetton)	42	1'26"193	183.356
Streiff (Ags)	41	1'26"554	182.591
Nannini (Benetton)	13	1'26"713	182.256
Berger (Ferrari)	6	1'26"947	181.766
Piquet (Lotus)	36	1'27"038	181.576
Alliot (Lola)	65	1'27"068	181.513
De Cesaris (Rial)	28	1'27"224	181.189
Mansell (Williams)	25	1'27"275	181.083
Alboreto (Ferrari)	5	1'27"282	181.068
Sala (Minardi)	54	1'27"316	180.998
Modena (EuroBrun)	65	1'27"549	180.516
Capelli (March)	61	1'27"614	180.382
Palmer (Tyrrell)	43	1'28"108	179.371
Patrese (Williams)	27	1'28"175	179.234
Tarquini (Coloni)	50	1'28"206	179.171
Warwick (Arrows)	47	1'28"234	179.115
Arnoux (Ligier)	26	1'28"586	178.403
Gugelmin (March)	49	1'28"750	178.073
Johansson (Ligier)	24	1'28"850	177.873
Cheever (Arrows)	11	1'29"115	177.344
Ghinzani (Zakspeed)	49	1'29"202	177.171
Nakajima (Lotus)	30	1'29"317	176.943
Larrauri (EuroBrun)	5	1'30"049	175.504

Il Gran Premio del Canada, dopo un anno di assenza dovuta ad una disputa fra sponsor locali, è stato nuovamente inserito in calendario.

Dal 1967, anno della sua prima edizione, la gara canadese si è disputata sul circuito di Mosport, a parte due escursioni a St. Jovite (1968-70). Poi l'esplosione di Gilles Villeneuve ha convinto gli organizzatori a trovare una nuova sede, più degna. La scelta è così caduta su Montreal, o meglio sull'isola di Notre Dame, dove si trova il bacino di canottaggio in cui si sono svolte le prove olimpiche del 1976.

Il tracciato è stato ricavato su strade già esistenti e per questo motivo viene catalogato come un circuito cittadino, anche se, in realtà, si tratta di una pista piuttosto classica.

Qui Gilles Villneuve, nel 1978, anno d'inaugurazione del nuovo circuito, ha vinto il suo primo Gran Premio di Formula 1; quello stesso circuito che gli è stato intitolato dopo la sua scomparsa.

Se correre a Mosport aveva un certo non so che di eroico, dovuto all'estrema pericolosità di quel circuito, Montreal appartiene senza dubbio alla logica della Formula 1 show-business.

E per una Formula 1 che in America del Nord incontra scarsa fortuna, c'è stata addirittura la possibilità che ad impossessarsi dell'impianto fosse la Cart, l'organizzazione cui fanno capo le prove del campionato di Formula Indianapolis.

Poi Bernie Ecclestone, dopo la cancellazione della gara nel 1987, è riuscito a spuntarla e la Formula 1 ha ritrovato una delle sue roccaforti d'oltre-oceano, anche considerando che il pubblico canadese ha sempre gremito le tribune, pure dopo la tragica scomparsa di Gilles Villneuve, considerato nel suo paese alla stregua di un eroe omerico.

A nord di Montreal, non lontano dal capoluogo del francofono Quebec, si trova Berthierville, la città dove Gilles ha trascorso la sua infanzia, da dove ha spiccato il volo verso un'affermazione internazionale. Proprio nella chiesa del piccolo centro si sono svolte le esequie del pilota e addirittura una statua, meta di autentici pellegrinaggi, è stata dedicata ad imperituro ricordo di quel ragazzo che aveva la velocità nel sangue.

Ma ritorniamo a Montreal, città che risale alla prima colonizzazione francese del Canada. Di un certo interesse storico è il vecchio centro, mentre per il resto si tratta di una tipica metropoli nordamericana, su cui incombono le ombre di più o meno anonimi grattacieli.

Che la Formula 1 abbia anche un cuore lo si può constatare proprio a Montreal, dove annualmente, durante il week-end del Gran Premio, viene celebrata una messa per ricordare Riccardo Paletti, il ragazzo milanese morto atrocemente all'avvio dell'edizione del 1982. A quella messa non mancano mai i piloti né i giornalisti italiani.

The Canadian Grand Prix was out of the picture for about a year because of an argument between the local sponsors, but now it is once more on the calendar.

The first Canadian Grand Prix was held at the Mosport track in 1967 and, except for the two events held in St. Jovite ('68 & '70), it would still have been held at Mosport had not the rocketing fame of Gilles Villeneuve convinced the organizers that they needed a new and more suitable location for the event. Thus, the island of Notre Dame - Montreal - was chosen. The boating basin, which is also located in this area, is where the 1976 Olympic boat races were held.

The racetrack was developed from the roads that already existed, and this is why the track is considered an urban track, although it is actually a rather classic type track.

Gilles Villeneuve inaugurated the new track in 1978 by winning his first Formula 1 Grand Prix. His name was given to this track after he died in a later racing accident.

While the extremely dangerous Mosport track had something of the heroic about it, the one at Montreal is undoubtedly best suited for Formula 1 show-business.

Although the Formula 1 events were not particularly popular in America, there was a point where it looked like it would be taken over by Cart, the organization in charge of the Indianapolis Formula championship events.

After the 1987 race was cancelled, Bernie Ecclestone won out, and the Formula 1 event rediscovered one of its overseas strongholds, also considering the fact that the Canadian fans always packed the stands after Gilles Villeneuve - who was revered as a sort of Homeric hero - met his tragic end.

Gilles Villeneuve was born and spent his early childhood in Berthierville, which is a short distance north of Montreal, the capital of French-speaking Quebec, before leaving to rise on to international fame. His funeral was held in the church located in the small center of Berthierville, and a statue was even dedicated to him. Many people come from far and wide to pay homage to him in front of this statue, which is a memorial to a young man who had the true racing spirit in his blood.

Coming back to Montreal - which was one of the first cities to be colonized in Canada by the French - there is the rather interesting old part of town, in the center, surrounded by a large urban structure that is typical of all large North American cities, with their more or less nondescript skyscrapers.

There is concrete evidence that the Canadian Grand Prix also has a heart. Each year, during the Grand Prix week-end, a mass is celebrated in Montreal in memory of Riccardo Paletti, the Milanese youth that died atrociously at the start of the 1982 event. The Italian drivers and journalists are always present at these masses.

U.S.A.

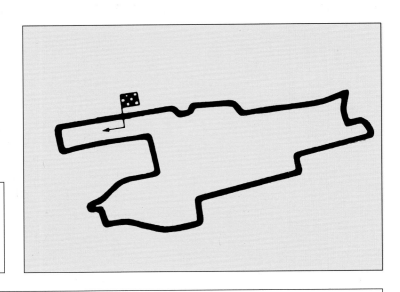

Data: 19 giugno 1988 - Circuito: Detroit - Distanza: 63 giri pari a km 253,449 - Direttore di gara: Roland Bruynseraede Spettatori: 100 mila - Condizioni atmosferiche: sole per tutto il week-end.

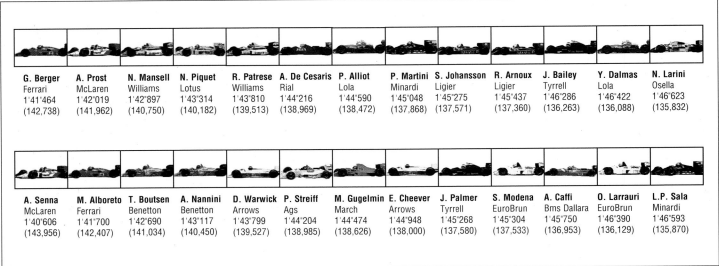

G. Berger	A. Prost	N. Mansell	N. Piquet	R. Patrese	A. De Cesaris	P. Alliot	P. Martini	S. Johansson	R. Arnoux	J. Bailey	Y. Dalmas	N. Larini
Ferrari	McLaren	Williams	Lotus	Williams	Rial	Lola	Minardi	Ligier	Ligier	Tyrrell	Lola	Osella
1'41"464	1'42"019	1'42"897	1'43"314	1'43"810	1'44"216	1'44"590	1'45"048	1'45"275	1'45"437	1'46"286	1'46"422	1'46"623
(142,738)	(141,962)	(140,750)	(140,182)	(139,513)	(138,969)	(138,472)	(137,868)	(137,571)	(137,360)	(136,263)	(136,088)	(135,832)

A. Senna	M. Alboreto	T. Boutsen	A. Nannini	D. Warwick	P. Streiff	M. Gugelmin	E. Cheever	J. Palmer	S. Modena	A. Caffi	O. Larrauri	L.P. Sala
McLaren	Ferrari	Benetton	Benetton	Arrows	Ags	March	Arrows	Tyrrell	EuroBrun	Bms Dallara	EuroBrun	Minardi
1'40"606	1'41"700	1'42"690	1'43"117	1'43"799	1'44"204	1'44"474	1'44"948	1'45"268	1'45"304	1'45"750	1'46"390	1'46"593
(143,956)	(142,407)	(141,034)	(140,450)	(139,527)	(138,985)	(138,626)	(138,000)	(137,580)	(137,533)	(136,953)	(136,129)	(135,870)

L'ORDINE DI ARRIVO - *ARRIVAL ORDER*

	PILOTA	VETTURA	MEDIA	DISTACCO
	DRIVER	*CAR*	*AVERAGE*	*DELAY*
1.	**Ayrton Senna**	McLaren	132.310	
2.	**Alain Prost**	McLaren	131.572	38"713
3.	**Thierry Boutsen**	Benetton	130.201	a 1 giro
4.	**Andrea De Cesaris**	Rial	129.388	a 1 giro
5.	**Jonathan Palmer**	Tyrrell	128.586	a 1 giro
6.	**Pierluigi Martini**	Minardi	128.270	a 1 giro
7.	**Yannick Dalmas**	Lola	127.795	a 2 giri
8.	**Alessandro Caffi**	Bms Dallara	126.202	a 2 giri
9.	**Julian Bailey**	Tyrrell	126.556	a 4 giri

I RITIRI - *WITHDRAWALS*

PILOTA	VETTURA	GIRI	CAUSA
DRIVER	*CAR*	*LAPS*	*REASON*
Stefan Johansson	Ligier	2	Impianto di raffreddamento
Gerhard Berger	Ferrari	6	Foratura
Nicola Larini	Osella	7	Motore
Eddie Cheever	Arrows	14	Guarnizione testata
Alessandro Nannini	Benetton	14	Sospensione
Philippe Streiff	Ags	15	Incidente
Nigel Mansell	Williams	18	Impianto elettrico
Derek Warwick	Arrows	24	Incidente
Oscar Larrauri	EuroBrun	26	Incidente
Nelson Piquet	Lotus	26	Incidente
Riccardo Patrese	Williams	26	Impianto elettrico
Mauricio Gugelmin	March	34	Motore
René Arnoux	Ligier	45	Motore
Michele Alboreto	Ferrari	45	Incidente
Stefano Modena	EuroBrun	46	Incidente
Philippe Alliot	Lola	46	Motore
Luis Perez Sala	Minardi	54	Cambio

I TEMPI MIGLIORI IN GARA
BEST LAPS

PILOTA E VETTURA	GIRO	TEMPO	MEDIA KMH
DRIVER AND CAR	*LAP*	*TIME*	*KMH AVERAGE*
Prost (McLaren)	4	1'44"836	138.147
Senna (McLaren)	8	1'44"992	137.942
Berger (Ferrari)	3	1'45"508	137.267
Boutsen (Benetton)	13	1'45"714	137.000
Alboreto (Ferrari)	4	1'45"878	136.788
Mansell (Williams)	4	1'46"044	136.573
Nannini (Benetton)	6	1'46"125	136.469
Patrese (Williams)	5	1'46"632	135.820
Palmer (Tyrrell)	4	1'46"905	135.474
Warwick (Arrows)	5	1'47"030	135.315
Piquet (Lotus)	4	1'47"137	135.180
Streiff (Ags)	5	1'47"326	134.942
De Cesaris (Rial)	4	1'47"594	134.606
Cheever (Arrows)	6	1'47"739	134.425
Modena (EuroBrun)	9	1'48"243	133.799
Caffi (Bms Dallara)	8	1'48"951	132.929
Gugelmin (March)	18	1'49"224	132.597
Martini (Minardi)	8	1'49"236	132.583
Bailey (Tyrrell)	7	1'49"330	132.469
Arnoux (Ligier)	8	1'49"554	132.198
Larrauri (EuroBrun)	17	1'49"782	131.923
Dalmas (Lola)	12	1'49"946	131.726
Alliot (Lola)	37	1'50"223	131.395
Johansson (Ligier)	2	1'50"260	131.351
Larini (Osella)	7	1'50"703	130.826
Sala (Minardi)	45	1'51"855	129.478

Negli Stati Uniti, un mercato che Bernie Ecclestone amerebbe conquistare, la Formula 1 non ha mai ottenuto eccessivi consensi: è ritenuta soltanto una curiosa attività motoristica cara agli europei.

Per anni, il Gran Premio degli Stati Uniti si è corso, nel più totale disinteresse, sulla pista di Watkins Glen, un piccolo centro sperduto nello stato di New York, privo di qualsiasi comodità e, quel che è peggio, di adeguati mezzi di comunicazione.

Maggiore fortuna ha avuto, invece, l'iniziativa varata da Chris Pook, un intraprendente operatore turistico di origine scozzese, che dal 1976 ha organizzato un Gran Premio cittadino sulle strade di Long Beach, in prossimità della sconfinata Los Angeles. E per la Formula 1 è stato un autentico disastro quando Pook, dal 1984, ha preferito riservare la sua gara alle ben più popolari vetture di Formula Indianapolis.

Per due stagioni (1981-82) si è anche corso a Las Vegas, nel mega-parcheggio del Caesar's Palace, albergo famoso per il suo casinò, ma anche per avere organizzato mondiali di boxe e interessanti tornei di tennis.

C'è stato anche un tentativo, nel 1984, nel ricco Texas, dove è stato approntato un altro tracciato cittadino a Dallas.

Attualmente, la Formula 1 negli Stati Uniti viene ospitata solo dalla città di Detroit, la capitale mondiale dell'industria automobilistica.

Si è cominciato nel 1982 per volere dei magnati di Detroit, il recentemente scomparso Henry Ford primo fra tutti, in quanto l'organizzazione del Gran Premio rientrava in un'operazione a più vasto raggio, intesa a recuperare socialmente e culturalmente una città in crisi, scossa da un'ondata preoccupante di violenza.

Simbolo di questa Detroit, alla ricerca di una sua nuova identità, è il Renaissance Center, un complesso di grattacieli, in cemento e cristallo, con uffici, centri commerciali e un albergo, il Westin, intorno al quale si snoda il terrificante circuito cittadino, tanto contestato alla prima edizione del Gran Premio.

Senza dubbio si tratta di un tracciato assai difficile, che nasconde insidie persino superiori a quelle di Montecarlo, ma il fascino risiede proprio in una pista dove tutto può accadere.

Al contrario delle altre prove americane di Formula 1, a quella di Detroit ha arriso un successo insperato, con oltre centomila spettatori che affollano le tribune il giorno della gara.

Il pilota che più di tutti sembra trovarsi a suo agio sulla pista di Detroit è Ayrton Senna, che qui ha ottenuto tre vittorie consecutive nelle ultime edizioni della gara.

Da segnalare che proprio a Detroit si è imposta per l'ultima volta una vettura dotata di motore aspirato. Si trattava di una Tyrrell spinta dal classico Ford Cosworth, con al volante Michele Alboreto. Era il 5 giugno del 1983.

The United States is a market that attracts Bernie Ecclestone a great deal, but the Formula 1 has never created any fervor there and has always been considered a curious automotive event that is only something the Europeans love.

The U.S. Grand Prix has for many years been held at the Watkins Glen track. This event, which has never attracted any interest at all, has had the big disadvantage of being held in this tiny lost place in the State of New York, which is not provided with any conveniences at all and, worse yet, does not have any adequate communications.

On the other hand, Cris Pook - a tourist entrepreneur of Scottish origin - has had more luck with the Long Beach Grand Prix event, which was first organized in 1976 and is run on the city streets of this large city which is attached to one side of the sprawling mega-city of Los Angeles. It was a severe blow for the Formula 1 when, in 1984, Pook decided to restrict the race to the much more popular Indianapolis Formula cars.

The race was also held in 1981 and 1982 in the huge parking lot of Caesar's Palace in Las Vegas, which - as most everyone knows - is a very famous hotel and gambling casino that also organizes boxing events and tennis competitions that are televised world-wide.

In 1984, an attempt was also made in wealthy Texas, by organizing a race on the streets of Dallas.

At the present time, the only place in the U.S. where the Formula 1 events are hosted is the city of Detroit, the world capital of the automobile industry.

The Detroit magnates - headed by the now-deceased Henry Ford - began organizing these events in 1982. This was part of an overall strategy aimed at boosting a city which had been socially and culturally debilitated by a very preoccupying wave of violence.

The symbol of Detroit - in search of a new identity - is its Renaissance Center, which is a complex of skyscraping concrete and glass office buildings, commercial centers, and a hotel - the Westin - surrounded by the terrifying network of city streets and speedways.

This is doubtlessly a very difficult track, with hidden perils that are even greater that those found on the Montecarlo track, but its fascination actually lies in the fact that anything can happen on that track.

In contrast to the other Formula 1 events held in the U.S., the Detroit Grand Prix has had a very enthusiastic turnout, with as many as 100,000 spectators jamming the stands on the day of the race.

Ayrton Senna has consecutively won the last three races at Detroit; he undoubtedly feels much more at home on this track than do the other drivers.

It is interesting to note that the last time a race was won by a non-supercharged car was at Detroit on June 5th, 1983. The car was a Tyrrell, the engine was a classic Ford Cosworth, and Michele Alboreto was the driver.

FRANCE

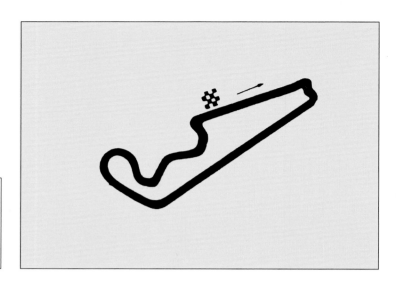

Data: 3 luglio 1988 - Circuito: Paul Ricard - Distanza: 80 giri pari a km 305,040 - Direttore di gara: Amedèe Pavesi Spettatori: 59 mila - Condizioni atmosferiche: solo il sabato; parzialmente ventilato venerdì e domenica.

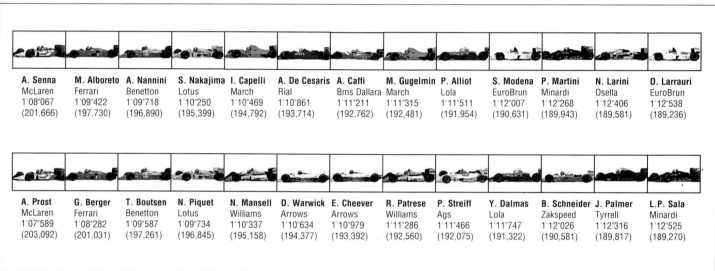

A. Senna	**M. Alboreto**	**A. Nannini**	**S. Nakajima**	**I. Capelli**	**A. De Cesaris**	**A. Caffi**	**M. Gugelmin**
McLaren	Ferrari	Benetton	Lotus	March	Rial	Bms Dallara	March
1'08"067	1'09"422	1'09"718	1'10"250	1'10"469	1'10"861	1'11"211	1'11"315
(201,666)	(197,730)	(196,890)	(195,399)	(194,792)	(193,714)	(192,762)	(192,481)

P. Alliot	**S. Modena**	**P. Martini**	**N. Larini**	**O. Larrauri**
Lola	EuroBrun	Minardi	Osella	EuroBrun
1'11"511	1'12"007	1'12"268	1'12"406	1'12"538
(191,954)	(190,631)	(189,943)	(189,581)	(189,236)

A. Prost	**G. Berger**	**T. Boutsen**	**N. Piquet**	**N. Mansell**	**D. Warwick**	**E. Cheever**	**R. Patrese**
McLaren	Ferrari	Benetton	Lotus	Williams	Arrows	Arrows	Williams
1'07"589	1'08"282	1'09"587	1'09"734	1'10"337	1'10"634	1'10"979	1'11"286
(203,092)	(201,031)	(197,261)	(196,845)	(195,158)	(194,377)	(193,392)	(192,560)

P. Streiff	**Y. Dalmas**	**B. Schneider**	**J. Palmer**	**L.P. Sala**
Ags	Lola	Zakspeed	Tyrrell	Minardi
1'11"466	1'11"747	1'12"026	1'12"316	1'12"525
(192,075)	(191,322)	(190,581)	(189,817)	(189,270)

L'ORDINE DI ARRIVO - *ARRIVAL ORDER*

	PILOTA	VETTURA	MEDIA	DISTACCO
	DRIVER	*CAR*	*AVERAGE*	*DELAY*
1.	**Alain Prost**	McLaren	187.482	
2.	**Ayrton Senna**	McLaren	186.471	31"752
3.	**Michele Alboreto**	Ferrari	185.377	1'06"505
4.	**Gerhard Berger**	Ferrari	184.878	a 1 giro
5.	**Nelson Piquet**	Lotus	184.760	a 1 giro
6.	**Alessandro Nannini**	Benetton	184.275	a 1 giro
7.	**Satoru Nakajima**	Lotus	184.039	a 1 giro
8.	**Mauricio Gugelmin**	March	183.419	a 1 giro
9.	**Ivan Capelli**	March	182.887	a 1 giro
10.	**Andrea De Cesaris**	Rial	182.623	a 2 giri
11.	**Eddie Cheever**	Arrows	182.593	a 2 giri
12.	**Alessandro Caffi**	Bms Dallara	182.173	a 2 giri
13.	**Yannick Dalmas**	Lola	181.367	a 2 giri
14.	**Stefano Modena**	EuroBrun	180.009	a 3 giri
15.	**Pierluigi Martini**	Minardi	179.483	a 3 giri

I RITIRI - *WITHDRAWALS*

PILOTA	VETTURA	GIRI	CAUSA
DRIVER	*CAR*	*LAPS*	*REASON*
Derek Warwick	Arrows	11	Incidente
Philippe Streiff	Ags	20	Perdita carburante
Thierry Boutsen	Benetton	28	Motore
Riccardo Patrese	Williams	35	Freni
Jonathan Palmer	Tyrrell	40	Motore
Philippe Alliot	Lola	46	Motore
Nigel Mansell	Williams	48	Sospensione
Bernd Schneider	Zakspeed	55	Cambio
Nicola Larini	Osella	56	Semiasse
Oscar Larrauri	EuroBrun	64	Frizione
Luis Perez Sala	Minardi	70	Non classificato

I TEMPI MIGLIORI IN GARA
BEST LAPS

PILOTA E VETTURA	GIRO	TEMPO	MEDIA KMH
DRIVER AND CAR	*LAP*	*TIME*	*KMH AVERAGE*
Prost (McLaren)	45	1'11"737	191.349
Senna (McLaren)	8	1'11"856	191.032
Berger (Ferrari)	25	1'11"866	191.005
Alboreto (Ferrari)	46	1'12"002	190.645
Piquet (Lotus)	54	1'12"357	189.709
Nannini (Benetton)	70	1'12"570	189.153
De Cesaris (Rial)	54	1'12"814	188.519
Caffi (Bms Dallara)	48	1'12"970	188.116
Nakajima (Lotus)	70	1'12"979	188.092
Capelli (March)	52	1'13"143	187.671
Cheever (Arrows)	41	1'13"321	187.215
Gugelmin (March)	71	1'13"567	186.589
Boutsen (Benetton)	6	1'13"669	186.331
Mansell (Williams)	46	1'13"671	186.326
Schneider (Zakspeed)	55	1'13"844	185.889
Dalmas (Lola)	53	1'13"968	185.578
Warwick (Arrows)	5	1'14"197	185.005
Sala (Minardi)	46	1'14"198	185.002
Modena (EuroBrun)	59	1'14"319	184.701
Martini (Minardi)	72	1'14"551	184.126
Alliot (Lola)	40	1'14"594	184.020
Larini (Osella)	34	1'14"741	183.658
Streiff (Ags)	5	1'14"800	183.513
Patrese (Williams)	6	1'15"014	182.990
Larrauri (EuroBrun)	63	1'15"487	181.843
Palmer (Tyrrell)	39	1'15"490	181.836

Il Grand Prix de l'Automobile Club de France è il più antico in assoluto, con la sua prima edizione che risale addirittura al 1906. In quell'epoca di pionieri si corse sul circuito della Sarthe, in prossimità di Le Mans, dove, poi, a partire dal 1923 sarebbe stata organizzata la celeberrima 24 Ore.

Ad imporsi, allora, con una media di poco superiore ai cento chilometri orari, fu Francois Szisz con la Renault.

Sono molti i circuiti, che, nel tempo, hanno ospitato la prestigiosa manifestazione. Da ricordare Montlhéry, Reims, Clermont Ferrand, finché nel 1971 non è stato inaugurato, nel sud della Francia, fra Tolone e Marsiglia, in località Le Camp du Castellet, l'autodromo che lo stesso finanziatore, l'industriale dei liquori Paul Ricard, si è voluto auto-intitolare.

Per qualche edizione il Gran Premio francese si è disputato in alternanza tra le Castellet, appunto, e Digione, ma dal 1985 la scelta è caduta definitivamente sull'impianto voluto da Ricard.

Indubbiamente si tratta di un autodromo costruito secondo le logiche del nostro tempo, anche se il suo tracciato viene ritenuto piuttosto anonimo. Inoltre, sono stati sufficienti pochi anni, con il continuo progredire delle monoposto, perché i suoi standard di sicurezza non venissero più ritenuti ai massimi livelli.

La pista che, inizialmente, misurava quasi sei chilometri e si segnalava per il rettilineo del Mistral, dopo l'incidente in cui ha perso la vita Elio De Angelis, durante prove di pneumatici eseguite nel maggio del 1986, è stata ridotta a poco meno di quattro chilometri. Si è provveduto così ad accorciare la linea dritta del Mistral, rendendo meno problematico l'ingresso alla famigerata curva di Signes.

Nella sua storia più recente, proprio al Gran Premio di Francia, quello del 1979, disputato sul circuito di Digione, è legato un episodio ormai entrato nella leggenda delle corse, vale a dire il duello più appassionante che mai si sia visto in una gara automobilistica.

I protagonisti di quell'epica sfida sono stati Gilles Villeneuve e René Arnoux, che hanno animato gli ultimi giri di un Gran Premio, mentre Jean Pierre Jabouille stava conducendo la Renault verso la sua prima vittoria. I due, in lotta per il secondo posto, ruota contro ruota, si sono affrontati in una specie di duello rusticano, con una serie di sorpassi mozzafiato. Alla fine avrebbe prevalso Villeneuve, scrivendo una di quelle pagine che hanno alimentato il suo mito.

Tornando ai nostri giorni, c'è da segnalare che, anno dopo anno, pur restando una delle grandi classiche internazionali, il Gran Premio di Francia è andato incontro ad una flessione d'interesse da parte del pubblico, tanto è vero che, nelle ultime edizioni, i paganti non hanno mai superato le cinquantamila unità.

The Grand Prix of the Automobile Club of France is the one that dates back the furthest; the first Grand Prix took place way back in 1906. In that pioneering epoch, the race was run on the Sarthe track, which is near Le Mans. The famous Le Mans 24 hr race was first organized back in 1923.

François Szisz won this race in a Renault, averaging over 100 km/hr.

This prestigious event was held on various racetracks, such as Montlhéry, Reims, and Clermont Ferrand, until, in 1971, the Paul Ricard racetrack was inaugurated in the Le Camp du Castellet locality, between Toulouse and Marseille; this racetrack bears the name of the liquor manufacturer, Paul Ricard, who financed it.

Although the racetrack's design is not very imaginative, it is undoubtedly built in keeping with the logic of our times. However, not very long after it was built, the developments made in single-seat racing car design showed that its safety standards were no longer considered at a high enough level.

Originally, the track measured almost 6 kilometers, with the substandard level of safety later involving the Mistral straight stretch of track. In fact, after Elio De Angelis lost his life during a tire test in May of 1986, the Mistral stretch was shortened to make the taking of the Signes curve less dangerous. This shortening reduced the overall length of the track to less than 4 kilometers.

In the Grand Prix of France's more recent history - the 1979 race held at the Dijon track - a legendary episode took place, the most exciting duel ever seen in automotive racing history.

The protagonists of that epic duel were Gilles Villeneuve and René Arnoux, who were fighting it out for 2nd place while Jean Pierre Jabouille was heading for his first victory in a Renault. Villeneuve and Arnoux where wheel-to-wheel and making breath-taking passes in a sort of rustic fight to the finish. Villeneuve finally won over Arnoux, thus adding another fabulous facet to his legend.

Coming back to present times, the Grand Prix of France - although still remaining one of the great international classics - has been slipping slowly over the years as far as public interest is concerned. In fact, recently there have never been more than 50,000 paying spectators attending these events.

UNITED KINGDOM

Data: 10 luglio 1988 - Circuito: Silverstone - Distanza: 65 giri pari a km 310,570 - Direttore di gara: P.D. Aumonier Spettatori: 95.000 - Condizioni atmosferiche: nuvoloso con pioggia a 10' dalla fine delle prove il venerdì; nuvoloso ma asciutto il sabato; pìoggia la domenica.

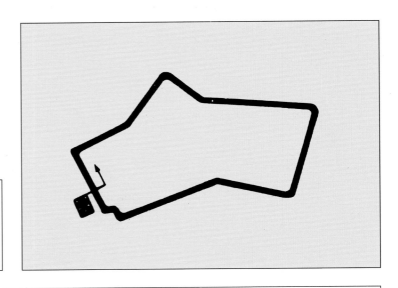

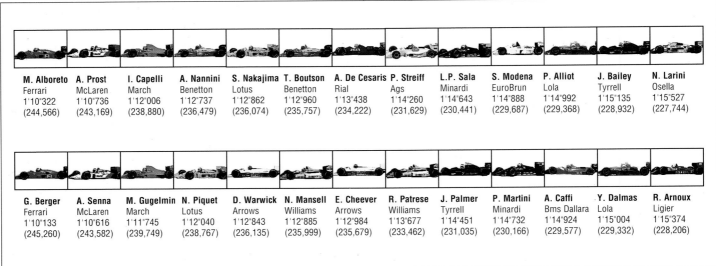

M. Alboreto	A. Prost	I. Capelli	A. Nannini	S. Nakajima	T. Boutson	A. De Cesaris	P. Streiff	L.P. Sala	S. Modena	P. Alliot	J. Bailey	N. Larini
Ferrari	McLaren	March	Benetton	Lotus	Benetton	Rial	Ags	Minardi	EuroBrun	Lola	Tyrrell	Osella
1'10"322	1'10"736	1'12"006	1'12"737	1'12"862	1'12"960	1'13"438	1'14"260	1'14"643	1'14"888	1'14"992	1'15"135	1'15"527
(244,566)	(243,169)	(238,880)	(236,479)	(236,074)	(235,757)	(234,222)	(231,629)	(230,441)	(229,687)	(229,368)	(228,932)	(227,744)

G. Berger	A. Senna	M. Gugelmin	N. Piquet	D. Warwick	N. Mansell	E. Cheever	R. Patrese	J. Palmer	P. Martini	A. Caffi	Y. Dalmas	R. Arnoux
Ferrari	McLaren	March	Lotus	Arrows	Williams	Arrows	Williams	Tyrrell	Minardi	Bms Dallara	Lola	Ligier
1'10"133	1'10"616	1'11"745	1'12"040	1'12"843	1'12"885	1'12"984	1'13"677	1'14"451	1'14"732	1'14"924	1'15"004	1'15"374
(245,260)	(243,582)	(239,749)	(238,767)	(236,135)	(235,999)	(235,679)	(233,462)	(231,035)	(230,166)	(229,577)	(229,332)	(228,206)

L'ORDINE DI ARRIVO - *ARRIVAL ORDER*

	PILOTA	VETTURA	MEDIA	DISTACCO
	DRIVER	*CAR*	*AVERAGE*	*DELAY*
1.	**Ayrton Senna**	McLaren	199.782	
2.	**Nigel Mansell**	Williams	198.952	.23"344
3.	**Alessandro Nannini**	Benetton	197.970	.51"214
4.	**Mauricio Gugelmin**	March	197.266	1'11"378
5.	**Nelson Piquet**	Lotus	196.937	1'20"835
6.	**Derek Warwick**	Arrows	196.665	a 1 giro
7.	**Eddie Cheever**	Arrows	196.643	a 1 giro
8.	**Riccardo Patrese**	Williams	196.632	a 1 giro
9.	**Gerhard Berger**	Ferrari	196.613	a 1 giro
10.	**Satoru Nakajima**	Lotus	194.949	a 1 giro
11.	**Alessandro Caffi**	Bms Dallara	194.172	a 1 giro
12.	**Stefano Modena**	EuroBrun	193.883	a 1 giro
13.	**Yannick Dalmas**	Lola	192.623	a 2 giri
14.	**Philippe Alliot**	Lola	192.317	a 2 giri
15.	**Pierluigi Martini**	Minardi	191.986	a 2 giri
16.	**Julian Bailey**	Tyrrell	190.827	a 2 giri
17.	**Michele Alboreto**	Ferrari	196.163	a 2 giri
18.	**René Arnoux**	Ligier	190.982	a 2 giri
19.	**Nicola Larini**	Osella	190.779	a 5 giri

I RITIRI - *WITHDRAWALS*

PILOTA	VETTURA	GIRI	CAUSA
DRIVER	*CAR*	*LAPS*	*REASON*
Luis Perez Sala	Minardi	0	Incidente
Philippe Streiff	Ags	8	Uscita di strada
Andrea De Cesaris	Rial	9	Frizione
Jonathan Palmer	Tyrrell	14	Motore
Alain Prost	McLaren	24	Abbandono
Ivan Capelli	March	34	Alternatore
Thierry Boutsen	Benetton	38	Trasmissione

I TEMPI MIGLIORI IN GARA
BEST LAPS

PILOTA E VETTURA	GIRO	TEMPO	MEDIA KMH
DRIVER AND CAR	*LAP*	*TIME*	*KMH AVERAGE*
Mansell (Williams)	48	1'23"308	206.472
Piquet (Lotus)	48	1'23"452	206.116
Warwick (Arrows)	48	1'23"588	205.781
Senna (McLaren)	49	1'23"595	205.764
Nakajima (Lotus)	48	1'23"655	205.616
Cheever (Arrows)	48	1'23"778	205.314
Patrese (Williams)	48	1'23"783	205.302
Gugelmin (March)	45	1'23"823	205.204
Alliot (Lola)	47	1'24"160	204.382
Nannini (Benetton)	29	1'24"176	204.343
Berger (Ferrari)	13	1'24"242	204.183
Martini (Minardi)	45	1'24"370	203.873
Larini (Osella)	46	1'24"729	203.010
Dalmas (Lola)	46	1'24"780	202.887
Modena (EuroBrun)	48	1'24"920	202.553
Boutsen (Benetton)	37	1'25"301	201.648
Caffi (Bms Dallara)	49	1'25"319	201.606
Bailey (Tyrrell)	42	1'25"758	200.574
Alboreto (Ferrari)	28	1'26"100	199.777
Capelli (March)	27	1'26"752	198.276
Arnoux (Ligier)	45	1'27"117	197.445
Prost (McLaren)	22	1'27"456	196.679
De Cesaris (Rial)	7	1'31"101	188.810
Streiff (Ags)	8	1'31"315	188.368
Palmer (Tyrrell)	13	1'32"972	185.010

A Silverstone, aeroporto militare nella seconda guerra mondiale, trasformato poi in autodromo, è toccato lo storico onore di ospitare, il 13 maggio del 1950, alla presenza della famiglia reale inglese, il primo Gran Premio valido per il campionato del mondo di Formula 1.

Del resto, l'Inghilterra, che nelle corse prima della guerra aveva recitato una parte secondaria, con la scena dominata da vetture e piloti italiani, tedeschi e francesi, alla ripresa dopo il secondo conflitto mondiale si era presentata con ben altre ambizioni.

Proprio Silverstone, tempio della velocità per eccellenza (tutt'ora è il circuito più veloce fra quelli che ospitano il mondiale di Formula 1), era destinato ad essere teatro di eventi straordinari, a cominciare dalla prima vittoria ottenuta nel campionato del mondo della Ferrari. Il non marginale evento avvenne nel 1951, quando Froilan Gonzales, detto il Cabezon, con la 375 di Maranello riuscì a battere lo squadrone Alfa Romeo.

Dal 1955 sarebbe poi cominciata la rotazione con Aintree, dove il pubblico inglese ha avuto la soddisfazione di vedere finalmente vincere un idolo di casa, Stirling Moss e poi, nel '57, la prima vettura britannica, la Vanwall, in grado di battersi alla pari con le più quotate protagoniste del mondiale.

Nel 1964 al superato autodromo di Aintree è subentrato quello di Brands Hatch, situato ad una quarantina di chilometri a sud di Londra.

Dal 1987, e con la certezza di rimanervi per almeno cinque anni consecutivi, il British Grand Prix è tornato alla sua Silverstone, nonostante l'impianto di Brands Hatch sia fra i più belli in assoluto.

Silverstone presenta un tracciato dove, senza dubbio, viene nettamente privilegiata l'automobile, anche se ai piloti viene richiesto di mostrare tutto il loro coraggio.

Nonostante le difficoltà di accesso al circuito, raggiungibile solo attraverso due stradine di campagna, nonostante la pessima visibilità per gli spettatori, Silverstone viene regolarmente preso d'assalto da centomila entusiasti e competenti spettatori.

Si tratta, in effetti, di un Gran Premio da non mancare, perché vi si respira un'atmosfera unica, da vecchia Inghilterra: i caratteristici box in mattoni rossi, le palizzate in legno che delimitano la pista, i prati verdi... E non manca mai un autorevole membro della famiglia reale inglese. Negli ultimi anni a rappresentare Elisabetta è sempre presente un cugino di sua maestà, il duca Michele di Kent, presidente onorario del Reale Automobil Club. La sua rituale visita alle squadre, a qualche ora dal via, rientra nella tradizione di una gara, dove la Formula 1 sembra ritornare alle sue romantiche e nobili origini.

On May 13th, 1950, Silverstone - a WW II airbase that was made into a racetrack - had the historic honor of having the Royal Family present for the first world championship Formula 1 Grand Prix.

Before the war, the racing scene was dominated by Italian, German and French drivers; English drivers only played a secondary role. But after the war, it came forth with quite different ambitions.

Silverstone is the fastest Formula 1 track, and is the temple of speed par excellence. With Ferrari's first world championship victory, Silverstone was destined to be the theater of extraordinary events. This important Ferrari victory was obtained in 1951, when Froilan Gonzales - known as the "Cabezon" - beat the Alfa Romeo team in his 375 Maranello wonder.

In 1955, the rotation began including Aintree, where the English public finally had the satisfaction of seeing their idol, Stirling Moss, win. Then, in 1957, they had the satisfaction of seeing the splendid performance of the Vanwall, the first English car that could admirably hold its own with the world's best cars.

In 1964, the Brands Hatch racetrack - located about 40 kilometers south of London - took over from the Aintree racetrack, which had become outdated.

Beginning with 1987 - notwithstanding the fact that the Brands Hatch facilities were the absolute tops - the British Grand Prix went back to Silverstone because it was certain the event could be held there for 5 consecutive years.

The Silverstone track definitely privileges the automobile, even though the drivers have to show as much courage as they possibly can.

Notwithstanding the difficult of access to the racetrack - there are only two small country roads leading to it - and the very poor visibility from the stands, Silverstone is regularly mobbed by 100,000 enthusiastic and competent spectators.

This Grand Prix is really not one to be missed, because of its unique atmosphere and touch of old England, with its red-brick pits, the wooden fences lining the track and the green fields. And there is always some member of the Royal Family present. In recent years, the Queen has always been represented by her cousin, Michael the Duke of Kent, who is the honorary president of the Royal Automobile Club. As part of the tradition of the race, the Duke pays a visit to the teams - an hour or so before the race starts - which seems to take the Formula 1 event back to its romantic noble beginnings.

W. GERMANY

Data: 24 luglio 1988 - Circuito: Hockenheim - Distanza: 45 giri pari a km 305.865 - Direttore di gara: Horst Wilheim Spettatori: 70.000 - Condizioni atmosferiche: nuvoloso il venerdì; caldo torrido e sole il sabato; pioggia il giorno della gara.

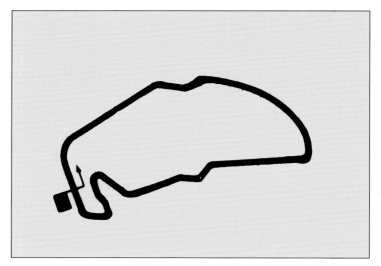

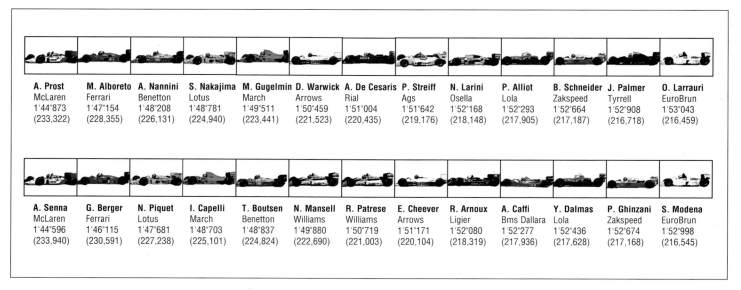

A. Prost	M. Alboreto	A. Nannini	S. Nakajima	M. Gugelmin	D. Warwick	A. De Cesaris	P. Streiff	N. Larini	P. Alliot	B. Schneider	J. Palmer	O. Larrauri
McLaren	Ferrari	Benetton	Lotus	March	Arrows	Rial	Ags	Osella	Lola	Zakspeed	Tyrrell	EuroBrun
1'44"873	1'47"154	1'48"208	1'48"781	1'49"511	1'50"459	1'51"004	1'51"642	1'52"168	1'52"293	1'52"664	1'52"908	1'53"043
(233,322)	(228,355)	(226,131)	(224,940)	(223,441)	(221,523)	(220,435)	(219,176)	(218,148)	(217,905)	(217,187)	(216,718)	(216,459)

A. Senna	G. Berger	N. Piquet	I. Capelli	T. Boutsen	N. Mansell	R. Patrese	E. Cheever	R. Arnoux	A. Caffi	Y. Dalmas	P. Ghinzani	S. Modena
McLaren	Ferrari	Lotus	March	Benetton	Williams	Williams	Arrows	Ligier	Bms Dallara	Lola	Zakspeed	EuroBrun
1'44"596	1'46"115	1'47"681	1'48"703	1'48"837	1'49"880	1'50"719	1'51"171	1'52"080	1'52"277	1'52"436	1'52"674	1'52"998
(233,940)	(230,591)	(227,238)	(225,101)	(224,824)	(222,690)	(221,003)	(220,104)	(218,319)	(217,936)	(217,628)	(217,168)	(216,545)

L'ORDINE DI ARRIVO - *ARRIVAL ORDER*

	PILOTA	VETTURA	MEDIA	DISTACCO
	DRIVER	*CAR*	*AVERAGE*	*DELAY*
1.	Ayrton Senna	McLaren	193.148	
2.	Alain Prost	McLaren	192.678	13"609
3.	Gerhard Berger	Ferrari	191.360	52"095
4.	Michele Alboreto	Ferrari	189.714	1'40"912
5.	Ivan Capelli	March	189.424	1'49"606
6.	Thierry Boutsen	Benetton	188.744	a 1 giro
7.	Derek Warwick	Arrows	188.507	a 1 giro
8.	Mauricio Gugelmin	March	187.842	a 1 giro
9.	Satoru Nakajima	Lotus	187.832	a 1 giro
10.	Eddie Cheever	Arrows	186.543	a 1 giro
11.	Jonathan Palmer	Tyrrell	184.901	a 1 giro
12.	Bernd Schneider	Zakspeed	184.711	a 1 giro
13.	Andrea De Cesaris	Rial	182.513	a 2 giri
14.	Piercarlo Ghinzani	Zakspeed	181.763	a 2 giri
15.	Alessandro Caffi	Bms Dallara	181.625	a 2 giri
16.	Oscar Larrauri	EuroBrun	181.451	a 2 giri
17.	René Arnoux	Ligier	179.634	a 3 giri
18.	Alessandro Nannini	Benetton	173.940	a 4 giri

I RITIRI - *WITHDRAWALS*

PILOTA	VETTURA	GIRI	CAUSA
DRIVER	*CAR*	*LAPS*	*REASON*
Nelson Piquet	Lotus	1	Uscita di strada
Philippe Alliot	Lola	8	Incidente
Stefano Modena	EuroBrun	15	Alimentazione
Nigel Mansell	Williams	16	Uscita di strada
Nicola Larini	Osella	27	Centralina
Riccardo Patrese	Williams	34	Uscita di strada
Philippe Streiff	Ags	38	Alimentazione
Yannick Dalmas	Lola	39	Non classificato

I TEMPI MIGLIORI IN GARA
BEST LAPS

PILOTA E VETTURA	GIRO	TEMPO	MEDIA KMH
DRIVER AND CAR	*LAP*	*TIME*	*KMH AVERAGE*
Nannini (Benetton)	40	2'03"032	198.885
Prost (McLaren)	21	2'04"888	195.929
Senna (McLaren)	18	2'05"001	195.752
De Cesaris (Rial)	42	2'05"413	195.109
Alboreto (Ferrari)	11	2'05"704	194.657
Berger (Ferrari)	7	2'05"735	194.609
Mansell (Williams)	9	2'06"317	193.713
Caffi (Bms Dallara)	42	2'06"814	192.953
Capelli (March)	15	2'06"833	192.925
Gugelmin (March)	10	2'06"946	192.753
Nakajima (Lotus)	43	2'07"242	192.304
Boutsen (Benetton)	7	2'07"273	192.258
Cheever (Arrows)	42	2'07"388	192.084
Warwick (Arrows)	43	2'07"545	191.848
Patrese (Williams)	12	2'08"191	190.881
Palmer (Tyrrell)	41	2'08"507	190.411
Streiff (Ags)	33	2'08"812	189.961
Schneider (Zakspeed)	43	2'09"142	189.475
Dalmas (Lola)	39	2'09"545	188.886
Larini (Osella)	27	2'09"715	188.638
Larrauri (EuroBrun)	12	2'09"754	188.581
Ghinzani (Zakspeed)	38	2'10"425	187.611
Arnoux (Ligier)	12	2'11"241	186.445
Alliot (Lola)	7	2'11"403	186.215
Modena (EuroBrun)	10	2'13"447	183.363
Piquet (Lotus)	1	3'39"605	111.424

Il Gran Premio di Germania ha legato indissolubilmente la sua storia al Nurburgring, il tormentato circuito che misurava circa 23 chilometri. Era stato costruito nel 1927 per volere dell'allora sindaco di Colonia, Adenauer, che aveva voluto quell'imponente opera pubblica per aumentare l'occupazione in un momento drammatico per la debole repubblica di Weimar.

Proprio su quel circuito, nel lontano 1935, Tazio Nuvolari conquistò probabilmente la sua vittoria più bella, riuscendo a battere le invincibili Mercedes e Auto Union con una superata Alfa Romeo P3. Enorme fu la sorpresa degli organizzatori, che non avevano neppure predisposto il disco con la marcia reale per celebrare il trionfo del pilota italiano.

E sempre al Nurburgring, negli anni precedenti la guerra, gli squadroni di Hitler, con le tecnologicamente avanzate Auto Union e Mercedes, condotte in gara da straordinari fuoriclasse come Caracciola e Rosemayer, furono protagonisti di autentiche marce trionfali.

Superato il ciclone del conflitto, il Nurburgring contribuì a costruire la leggenda di Alberto Ascari, che, al volante della Ferrari, vi ottenne tre vittorie consecutive (1950, prova non valida per il mondiale, '51 e '52).

Anche l'irripetibile Juan Manuel Fangio ha colto tre successi consecutivi sull'impegnativo tracciato, ma indelebile è rimasto quello del 1957, quando, con una Maserati, fu capace di una impossibile rimonta nei confronti dei ferraristi Hawthorn e Collins. Da segnalare che quella fu l'ultima vittoria delle 24 ottenute dal fuoriclasse argentino nella sua fortunata carriera in Formula 1.

Ma il Nurburgring sarebbe stato condannato a morte nel 1976, dopo il grave incidente in cui Niki Lauda ha rischiato di perdere la vita. Venne giudicato anacronistico, ma soprattutto impossibile da presidiare con adeguati mezzi di soccorso per l'eccessiva lunghezza del suo tracciato.

Il Gran Premio di Germania era così costretto a cambiare sede, trasferendosi a Hockenheim, non lontano dalla celebre città universitaria di Heidelberg, nel cuore del Baden Wuttemberg, una delle regioni tedesche che vanta tradizioni e cultura fra le più antiche.

Nel 1985, la Formula 1 ha ritrovato il Nurburgring; un autodromo completamente nuovo, che, del vecchio, conservava soltanto il nome.

Si è quindi definitivamente ritornati a Hockenheim, che si distingue per la velocità del suo tracciato e per la zona del motodromo in cui sono state edificate tribune simili a quelle degli stadi di calcio, capaci di accogliere, comodamente seduti, circa centomila spettatori.

The German Grand Prix is inexorably tied in with the history of the Nurburgring: the torturous racetrack that is about 23 kilometers long. This racetrack was built in 1927 by order of the Mayor of Cologne - Mr. Adenauer - who felt that imposing public construction was necessary for providing jobs during one of the weak Weimar Republic's more dramatic moments.

Way back in 1935, it was on this track that Tazio Nuvolari achieved what was probably his finest victory when he succeeded in beating the invincible Mercedes and Auto Union in his rather outdated Alfa Romeo P3. The race organizers were so surprised by his winning the race that they did not even have the record of the Italian anthem on hand for the award-presentation ceremonies.

It was also at Nurburgring - during the years preceding the war - that Hitler's technologically-advanced Auto Union and Mercedes cars, driven in the race by such authentically top class drivers as Caracciola and Rosemayer, were the protagonists of actual triumphal marches.

With the terrible conflict over with, Nurburgring contributed to the building of the Alberto Ascari legend, with Ascari winning 3 consecutive victories in 1950 (not valid for the world championship), '51 and '52.

The inimitable Juan Manuel Fangio also won three times consecutively on this difficult track, but his most outstanding win was in 1957 when his Maserati did the impossible by overtaking and coming in ahead of Hawthorne and Collins in Ferraris. Of this top class Argentine ace's 24 victories, this was his last in his outstanding Formula 1 career.

Niki Lauda's very serious accident in 1976 spelled the end of Nurburgring. The racetrack was considered to have become anachronistic, but - more importantly - its excessive length was judged as being too great to be able to the adequately covered with first-aid vehicles and equipment.

So, the German Grand Prix had to move to other quarters: Hocken-heim. This track is not far from the famous university city of Heidelberg, which is in the heart of Baden Wuttemberg, one of Germany's oldest, traditional and culturally famous regions.

But in 1985, Nurburgring came back completely renewed in every respect; the only thing that was the same was its name, and the Formula 1 was back being raced at Nurburgring.

The greatly expanding interest in the Formula 1 event, however, caused still another - and definitive - change back to Hockenheim. Hockenheim's track is faster, and the additional available space permitted the construction of vast stands - similar to those in soccer stadiums - which can easily provide seating for about 100,000 spectators.

HUNGRY

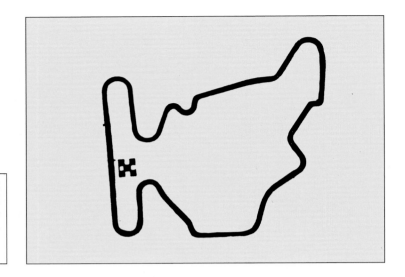

Data: 7 agosto 1988 - Circuito: Hungaroring - Distanza: 76 giri pari a km 305,064 - Direttore di gara: Roland Bruynseraede - Spettatori: 120.000 - Condizioni atmosferiche: pioggia il venerdì mattina con schiarite nel pomeriggio. Soleggiato il sabato.
Parzialmente coperto prima della corsa.

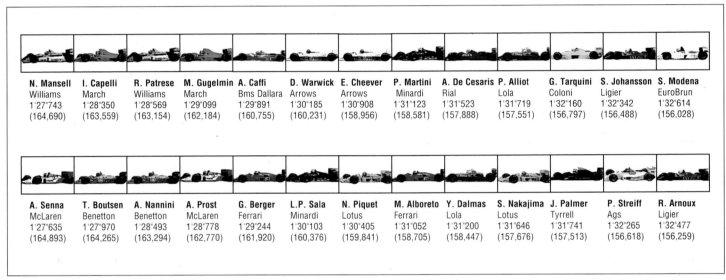

N. Mansell	I. Capelli	R. Patrese	M. Gugelmin	A. Caffi	D. Warwick	E. Cheever	P. Martini	A. De Cesaris	P. Alliot	G. Tarquini	S. Johansson	S. Modena
Williams	March	Williams	March	Bms Dallara	Arrows	Arrows	Minardi	Rial	Lola	Coloni	Ligier	EuroBrun
1'27"743	1'28"350	1'28"569	1'29"099	1'29"891	1'30"185	1'30"908	1'31"123	1'31"523	1'31"719	1'32"160	1'32"342	1'32"614
(164,690)	(163,559)	(163,154)	(162,184)	(160,755)	(160,231)	(158,956)	(158,581)	(157,888)	(157,551)	(156,797)	(156,488)	(156,028)

A. Senna	T. Boutsen	A. Nannini	A. Prost	G. Berger	L.P. Sala	N. Piquet	M. Alboreto	Y. Dalmas	S. Nakajima	J. Palmer	P. Streiff	R. Arnoux
McLaren	Benetton	Benetton	McLaren	Ferrari	Minardi	Lotus	Ferrari	Lola	Lotus	Tyrrell	Ags	Ligier
1'27"635	1'27"970	1'28"493	1'28"778	1'29"244	1'30"103	1'30"405	1'31"052	1'31"200	1'31"646	1'31"741	1'32"265	1'32"477
(164,893)	(164,265)	(163,294)	(162,770)	(161,920)	(160,376)	(159,841)	(158,705)	(158,447)	(157,676)	(157,513)	(156,618)	(156,259)

L'ORDINE DI ARRIVO - ARRIVAL ORDER

	PILOTA	VETTURA	MEDIA	DISTACCO
	DRIVER	CAR	AVERAGE	DELAY
1.	Ayrton Senna	McLaren	155.401	
2.	Alain Prost	McLaren	155.389	0"529
3.	Thierry Boutsen	Benetton	154.713	31"410
4.	Gerhard Berger	Ferrari	153.475	1'28"670
5.	Mauricio Gugelmin	March	152.557	a 1 giro
6.	Riccardo Patrese	Williams	152.280	a 1 giro
7.	Satoru Nakajima	Lotus	148.966	a 3 giri
8.	Nelson Piquet	Lotus	148.596	a 3 giri
9.	Yannick Dalmas	Lola	147.604	a 3 giri
10.	Luis Perez Sala	Minardi	146.957	a 4 giri
11.	Stefano Modena	EuroBrun	146.314	a 4 giri
12.	Philippe Alliot	Lola	145.812	a 4 giri
13.	Gabriele Tarquini	Coloni	143.357	a 5 giri

I RITIRI - WITHDRAWALS

PILOTA	VETTURA	GIRI	CAUSA
DRIVER	CAR	LAPS	REASON
Derek Warwick	Arrows	65	Freni
Nigel Mansell	Williams	60	Abbandono
Eddie Cheever	Arrows	55	Freni
Michele Alboreto	Ferrari	40	Centralina
René Arnoux	Ligier	32	Motore
Andrea De Cesaris	Rial	28	Trasmissione
Alessandro Nannini	Benetton	24	Motore
Alessandro Caffi	Bms Dallara	22	Motore
Stefan Johansson	Ligier	19	Acceleratore
Pierluigi Martini	Minardi	8	Incidente
Philippe Streiff	Ags	8	Sospensione
Ivan Capelli	March	5	Centralina
Jonathan Palmer	Tyrrell	3	Centralina

I TEMPI MIGLIORI IN GARA
BEST LAPS

PILOTA E VETTURA	GIRO	TEMPO	MEDIA KMH
DRIVER AND CAR	LAP	TIME	KMH AVERAGE
Prost (McLaren)	51	1'30"639	159.428
Senna (McLaren)	67	1'30"964	158.858
Boutsen (Benetton)	55	1'31"272	158.322
Mansell (Williams)	41	1'31"735	157.523
Gugelmin (March)	46	1'32"235	156.669
Berger (Ferrari)	37	1'32"241	156.659
Nannini (Benetton)	19	1'32"564	156.113
Patrese (Williams)	21	1'32"569	156.104
Piquet (Lotus)	12	1'32"783	155.744
Alboreto (Ferrari)	22	1'33"080	155.247
De Cesaris (Rial)	28	1'33"529	154.502
Sala (Minardi)	56	1'33"615	154.360
Caffi (Bms Dallara)	19	1'33"761	154.120
Warwick (Arrows)	39	1'34"078	153.600
Dalmas (Lola)	56	1'34"120	153.532
Nakajima (Lotus)	36	1'34"138	153.502
Cheever (Arrows)	36	1'34"226	153.359
Martini (Minardi)	6	1'34"897	152.275
Alliot (Lola)	5	1'35"432	151.421
Modena (EuroBrun)	22	1'35"536	151.256
Johansson (Ligier)	5	1'35"759	150.904
Arnoux (Ligier)	5	1'35"940	150.619
Tarquini (Coloni)	20	1'36"008	150.512
Streiff (Ags)	5	1'36"339	149.995
Palmer (Tyrrell)	3	1'36"660	149.497
Capelli (March)	1	1'44"982	137.646

Tra l'Ungheria, divorata dalla voglia di occidente, e la Formula 1 è nato un amore istantaneo quando, nell'agosto del 1986, il circo della velocità si è accampato per la prima volta nel paddock dell'Hungaroring.

Era tempo che lo sport più capitalista in assoluto cercava nuovi sbocchi nell'Europa dell'est e l'Ungheria, un paese che ha anticipato la perestrojka di Gorbaciov, ha aperto festosamente le porte alle monoposto da Gran Premio.

In poco più di otto mesi, su di un terreno dall'andamento collinare, a circa venti chilometri da Budapest, è stato costruito un autodromo modello, con un tracciato misto-lento assai impegnativo, dotato di ampie tribune, oltre che di box e misure di sicurezza all'altezza delle pretese dell'impianto.

Risaliva a metà degli anni 30 l'ultima ed unica esibizione delle vetture da Grand Prix in Ungheria. Allora si era corso nei viali alberati di una Budapest spensierata e a vincere quella gara era stato Tazio Nuvolari, al volante di un'Alfa Romeo della Scuderia Ferrari.

Non poche perplessità gravavano sull'organizzazione del primo Gran Premio ungherese valido per il campionato del mondo, con un circo multimiliardario che approdava in un paese d'oltre cortina. Due mondi ai poli opposti che si confrontavano e che avrebbero potuto avere vicendevoli, pericolose crisi di rigetto.

Gli ungheresi hanno, invece, accolto la Formula 1 ed i suoi protagonisti con grande entusiasmo, tanto da affollare l'autodromo oltre l'inverosimile, con centomila paganti. Un pubblico certamente più attratto dalla rombante novità, dalla sua voglia di accostarsi ai gusti occidentali, piuttosto che dalla competenza tecnica specifica. L'unica squadra universalmente conosciuta era la Ferrari, ad ennesima dimostrazione di una popolarità che non conosce confini.

A vincere il primo Gran Premio d'Ungheria era Nelson Piquet dopo un appassionante duello con Ayrton Senna. Non poteva essere più felice l'approccio tra gli ungheresi e la Formula 1: la gara fu una di quelle che non si dimenticano con facilità.

La corsa del 1987 ha poi proposto un'altra appassionante sfida, quella tra i fratelli crudeli della Williams, vale a dire Nelson Piquet e Nigel Mansell. Il pilota inglese, alla settima pole position stagionale, è stato autore di una gara esemplare, ma quando sembrava avviato verso la vittoria la sua marcia trionfale è stata interrotta da un incredibile contrattempo: la perdita di un bullone che blocca la ruota sul mozzo. Era Piquet, così, a tagliare il primo traguardo quasi senza rendersene conto.

La scorsa stagione ancora una vittoria brasiliana, ma con Ayrton Senna.

When the Formula 1 event took place for the first time at the Hungaroring in August of 1986, it was love at first sight for the Hungarians who so strongly yearned to be part of the western world.

That first event took place at the time the most capitalistic of all sports was seeking new horizons in Eastern Europe; anticipating Gorbaciov's perestroika and in a festive mood, Hungary threw open its doors to the single-seat Grand Prix racing entries.

It took them just a little more than eight months to build a model racetrack in a gently-hilled location about 20 kilometers from Budapest. The mixed-slow track puts the drivers' skill to a real test. In addition to the pits and very adequate safety measures, the racetrack facilities include considerable seating accomodations for the spectators.

The last previous - and only - Grand Prix held in Hungary was back in the mid-'30s. That race was run on the tree-lined boulevards of trouble-free Budapest, and was won by Tazio Nuvolari who raced with the Ferrari team and drove an Alfa Romeo.

Organizing the 1986 Grand Prix - which was valid for the world championship and involved having a multi-million dollar group of men, machines and materials come in from the other side of the Iron Curtain - involved quite a number of problems. The meeting of these two worlds of opposite polarity could have produced some dangerous reject reactions on the part of the various individuals on both sides of the fence.

But all that worry was a waste of time and effort because the Hungarians responded very enthusiastically to the Formula 1 and its protagonists; in fact the stands were completely filled with 100,000 paying spectators. These people very likely were not attracted by the technical aspects of the race as much as they were by the thundering novelty of it and, also, by the great desire to become involved in an event that was so typically western in taste and atmosphere. The Ferrari team was the only one that was noted to everyone there; which was the nth demonstration that Ferrari's popularity was not confined by national boundaries.

After an exciting duel with Aryton Senna, Nelson Piquet won that first Hungarian Grand Prix. There was no better way of bringing together the Hungarians and the Formula 1 than this wonderful race that they will remember for a long time.

There was also another very exciting duel in the 1987 race. This duel was between Nelson Piquet and Nigel Mansell, those cruel Williams brothers. Mansell, who was in the seventh position for the season, was running a very good race and was headed for victory when something truly incredible happened: one of his wheels lost a bolt and the bolt jammed into the hub. Piquet breezed by, cut the finish line and won the race without hardly realizing it. The race last season was won by Aryton Senna in his Brabham.

BELGIUM

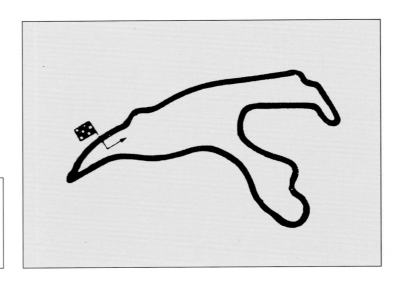

Data: 28 agosto 1988 - Circuito: Spa-Francorchamps - Distanza: 43 giri pari a km 298,420 - Direttore di gara: Roland Bruynseraede - Spettatori: 60.000 - Condizioni atmosferiche: nuvoloso il venerdì; pioggia il sabato; alternanza di nuvole e sole durante la gara.

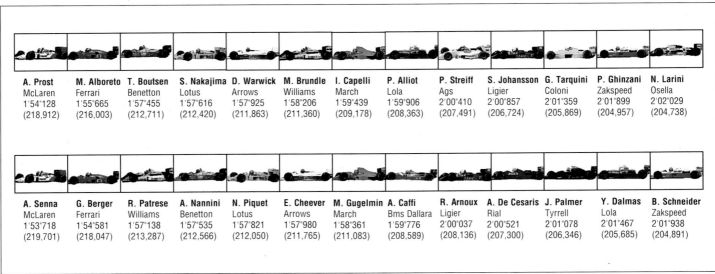

A. Prost	M. Alboreto	T. Boutsen	S. Nakajima	D. Warwick	M. Brundle	I. Capelli	P. Alliot	P. Streiff	S. Johansson	G. Tarquini	P. Ghinzani	N. Larini
McLaren	Ferrari	Benetton	Lotus	Arrows	Williams	March	Lola	Ags	Ligier	Coloni	Zakspeed	Osella
1'54"128	1'55"665	1'57"455	1'57"616	1'57"925	1'58"206	1'59"439	1'59"906	2'00"410	2'00"857	2'01"359	2'01"899	2'02"029
(218,912)	(216,003)	(212,711)	(212,420)	(211,863)	(211,360)	(209,178)	(208,363)	(207,491)	(206,724)	(205,869)	(204,957)	(204,738)

A. Senna	G. Berger	R. Patrese	A. Nannini	N. Piquet	E. Cheever	M. Gugelmin	A. Caffi	R. Arnoux	A. De Cesaris	J. Palmer	Y. Dalmas	B. Schneider
McLaren	Ferrari	Williams	Benetton	Lotus	Arrows	March	Bms Dallara	Ligier	Rial	Tyrrell	Lola	Zakspeed
1'53"718	1'54"581	1'57"138	1'57"535	1'57"821	1'57"980	1'58"361	1'59"776	2'00"037	2'00"521	2'01"078	2'01"467	2'01"938
(219,701)	(218,047)	(213,287)	(212,566)	(212,050)	(211,765)	(211,083)	(208,589)	(208,136)	(207,300)	(206,346)	(205,685)	(204,891)

L'ORDINE DI ARRIVO - *ARRIVAL ORDER*

	PILOTA	VETTURA	MEDIA	DISTACCO
	DRIVER	*CAR*	*AVERAGE*	*DELAY*
1.	**Ayrton Senna**	McLaren	203.447	
2.	**Alain Prost**	McLaren	202.280	.30"470
3.	**Thierry Boutsen**	Benetton	201.173	.59"681
4.	**Alessandro Nannini**	Benetton	200.838	1'08"594
5.	**Ivan Capelli**	March	200.569	1'15"768
6.	**Nelson Piquet**	Lotus	200.275	1'23"628
7.	**Derek Warwick**	Arrows	200.211	1'25"355
8.	**Eddie Cheever**	Arrows	198.702	a 1 giro
9.	**Martin Brundle**	Williams	198.671	a 1 giro
10.	**Alessandro Caffi**	Bms Dallara	197.611	a 1 giro
11.	**Philippe Alliot**	Lola	197.396	a 1 giro
12.	**Philippe Streiff**	Ags	196.718	a 1 giro
13.	**Stefan Johansson**	Ligier	196.338	a 4 giri
14.	**Jonathan Palmer**	Tyrrell	196.313	a 4 giri
15.	**Bernd Schneider**	Zakspeed	192.885	a 5 giri

I TEMPI MIGLIORI IN GARA
BEST LAPS

PILOTA E VETTURA	GIRO	TEMPO	MEDIA KMH
DRIVER AND CAR	*LAP*	*TIME*	*KMH AVERAGE*
Berger (Ferrari)	10	2'00"772	206.869
Senna (McLaren)	18	2'01"061	206.375
Prost (McLaren)	18	2'01"702	205.288
Alboreto (Ferrari)	34	2'01"924	204.915
Gugelmin (March)	14	2'02"255	204.360
Nannini (Benetton)	39	2'02"298	204.288
Capelli (March)	14	2'02"302	204.281
Piquet (Lotus)	23	2'02"598	203.788
Boutsen (Benetton)	21	2'02"849	203.372
Warwick (Arrows)	24	2'03"002	203.119
Patrese (Williams)	19	2'03"220	202.759
Nakajima (Lotus)	20	2'03"448	202.385
Cheever (Arrows)	24	2'03"653	202.049
Brundle (Williams)	9	2'04"088	201.341
Caffi (Bms Dallara)	24	2'04"475	200.715
Tarquini (Coloni)	36	2'04"589	200.531
Streiff (Ags)	23	2'05"028	199.827
Alliot (Lola)	37	2'05"083	199.739
Palmer (Tyrrell)	21	2'05"525	199.036
Johansson (Ligier)	39	2'05"681	198.789
Larini (Osella)	12	2'06"514	197.480
Ghinzani (Zakspeed)	14	2'06"653	197.263
Schneider (Zakspeed)	19	2'06"810	197.019
Dalmas (Lola)	7	2'07"497	195.958
Arnoux (Ligier)	2	2'07"978	195.221
De Cesaris (Rial)	2	2'08"821	193.944

I RITIRI - *WITHDRAWALS*

PILOTA	VETTURA	GIRI	CAUSA
DRIVER	*CAR*	*LAPS*	*REASON*
René Arnoux	Ligier	2	Incidente
Andrea De Cesaris	Rial	2	Incidente
Yannick Dalmas	Lola	9	Motore
Gerhard Berger	Ferrari	11	Elettronica
Nicola Larini	Osella	14	Pompa benzina
Satoru Nakajima	Lotus	22	Motore
Piercarlo Ghinzani	Zakspeed	25	Motore
Mauricio Gugelmin	March	29	Testa Coda
Riccardo Patrese	Williams	30	Motore
Michele Alboreto	Ferrari	35	Motore
Gabriele Tarquini	Coloni	36	Scatola sterzo

Sulla pista di Spa Francorchamps sono state scritte alcune delle pagine più esaltanti della storia della Formula 1. Circuito semipermanente, che si snoda tra le foreste delle Ardenne, sembrava disegnato per esaltare la classe e le doti di coraggio dei piloti migliori.

Su questo tracciato, a partire dal 1925, anno della prima edizione del Gran Premio del Belgio, hanno vinto soltanto autentici campioni, ma è stato proprio uno dei più grandi di tutti i tempi, Jackie Stewart, tre volte campione del mondo, a volerne l'abolizione.

Nel Gran Premio del Belgio del 1966 Stewart è stato, infatti, vittima dell'unico grave incidente della sua carriera. Al primo giro, il plotone ancora compatto delle vetture venne investito da un violento, improvviso temporale. Volarono fuori pista in sette, Bonnier, Spence, Bondurant, Hill, Siffert, Hulme e Stewart. E lo scozzese fu quello che riportò le ferite più gravi, anche se non lo tennero poi troppo lontano dalle corse.

Da quella domenica di giugno Stewart si battè furiosamente perché il Gran Premio del Belgio non si disputasse più su quella pista, a suo avviso troppo lunga, misurava 14 chilometri, troppo veloce, la media sul giro era superiore ai 250 all'ora, e priva di adeguati sistemi di sicurezza.

Dal 1972 è stato accontentato, con la gara belga trasferita nell'autodromo di Nivelles, ma poi sarebbe stato Zolder, località del Limburgo dove raramente risplende il sole, ad ospitare il Gran Premio.

A Zolder si è consumato uno dei drammi più sentiti della Formula 1 moderna. Sabato 8 maggio 1982, nel corso degli ultimi minuti delle prove ufficiali, il temerario, amatissimo Gilles Villeneuve era protagonista di un drammatico incidente che gli costava la vita.

Nel 1983 Spa ritrovava il suo Gran Premio. Un imponente investimento economico aveva consentito la ristrutturazione del tracciato, ridotto da 14 a 7 chilometri, con medie sul giro più accettabili.

La gara belga veniva ospitata ancora una volta a Zolder nell'84, ma dalla stagione successiva veniva definitivamente affidata allo storico circuito di Spa Francorchamps.

L'edizione del 1985 sarebbe stata caratterizzata, però da un singolare episodio, che avrebbe costretto gli organizzatori a rinviare la corsa da maggio a metà settembre. Non fu infatti possibile disputare il Gran Premio nella data prevista in calendario in quanto l'asfalto troppo fresco si sgretolava al passaggio delle vetture, trasformando la pista in una pericolosa patinoire.

Tradizionalmente il Gran Premio del Belgio è stato sempre organizzato nel periodo maggio-giugno, ma dalla stagione appena conclusa si è preferito spostarlo a fine agosto, nella speranza di trovare condizioni atmosferiche più clementi.

Some of the most exciting moments of Formula 1 history have taken place on the Francorchamps Spa racetrace, a semipermanent track that winds through the Ardennes Forest and seems to have been especially designed to bring out the class and courage of the best drivers.

The first Belgium Grand Prix was held in 1925 and, since that time, all the races were won by nothing but authentic champions. But it was one of the greatest drivers of all times, the three-times champion of the world, Jackie Stewart, who finally had this event abolished from that track.

What happened was that during the Belgium Grand Prix of 1966, Stewart had a very serious accident, the only one in his entire career. Tha accident occurred during the first lap, while all the cars were bunched up, when a sudden violent rainstorm sent seven cars off the track. There was Bonnier, Spence, Bondurant, Hill, Siffert, Hulme and Stewart. Stewart - a Scotsman - was the one who was hurt the worst, although this did not keep him out of further races for very long.

From that June Sunday onward, Stewart battled furiously to keep the Belgium Grand Prix off that track forever. In his opinion, the track was too long, too fast, and was not provided with adequate safety provisions. The track was 14 kilometers long and developed average speeds exceeding 250 km/hr.

He finally won his battle in 1972 when the Belgian race was transferred to the Nivelles racetrack. Later, however, the Grand Prix event was again transferred, this time to Zolder - near Limburg - where the sun rarely shines.

One of the most shocking Formula 1 accidents occurred at Zolder. It was Saturday, the 8th of May, and the official trials were being run. During the final minutes of the trials, the audacious and much-loved Gilles Villeneuve had a terrible accident that cost him his life.

After having been restructured to reduce its total length from 14 to 7 kilometers and permit a more acceptable average speed - which cost a huge amount of money - the Grand Prix was again run on the Spa track in 1983.

Although the race was once again run at Zolder the following year, it was definitively transferred back to the historic Francorchamps Spa track the following season.

But this 1985 race, which was supposed to have been held in May, had to be postponed to the middle of September because of a very curious fact. The race could not come off as scheduled because the asphalt topping on the track was still too fresh, and when the cars barreled over it, it tended to break up and cause dangerous skidding.

As a rule, the Belgium Grand Prix is held during the May-June period, but with the hope of having better weather conditions, all the races subsequent to this last one were postponed to the end of August.

ITALIA

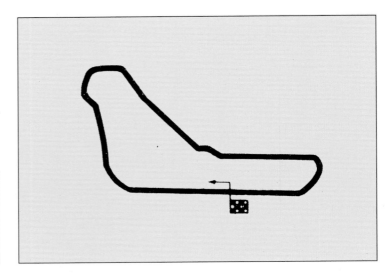

Data: 11 settembre 1988 - Circuito: Monza - Distanza: 51 giri pari a km 295,800 - Direttore di gara: Romolo Tavoni Spettatori: 150.000 - Condizioni atmosferiche: cielo sereno sia in prova che in gara.

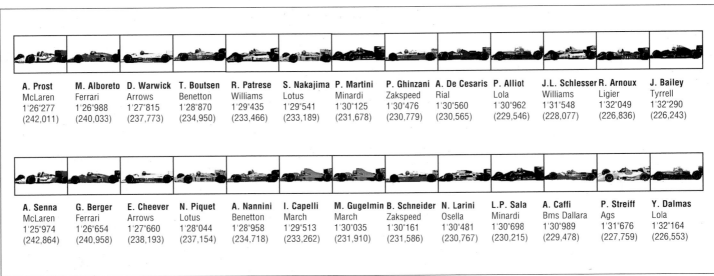

A. Prost	M. Alboreto	D. Warwick	T. Boutsen	R. Patrese	S. Nakajima	P. Martini	P. Ghinzani	A. De Cesaris	P. Alliot	J.L. Schlesser	R. Arnoux	J. Bailey
McLaren	Ferrari	Arrows	Benetton	Williams	Lotus	Minardi	Zakspeed	Rial	Lola	Williams	Ligier	Tyrrell
1'26"277	1'26"988	1'27"815	1'28"870	1'29"435	1'29"541	1'30"125	1'30"476	1'30"560	1'30"962	1'31"548	1'32"049	1'32"290
(242,011)	(240,033)	(237,773)	(234,950)	(233,466)	(233,189)	(231,678)	(230,779)	(230,565)	(229,546)	(228,077)	(226,836)	(226,243)

A. Senna	G. Berger	E. Cheever	N. Piquet	A. Nannini	I. Capelli	M. Gugelmin	B. Schneider	N. Larini	L.P. Sala	A. Caffi	P. Streiff	Y. Dalmas
McLaren	Ferrari	Arrows	Lotus	Benetton	March	March	Zakspeed	Osella	Minardi	Bms Dallara	Ags	Lola
1'25"974	1'26"654	1'27"660	1'28"044	1'28"958	1'29"513	1'30"035	1'30"161	1'30"481	1'30"698	1'30"989	1'31"676	1'32"164
(242,864)	(240,958)	(238,193)	(237,154)	(234,718)	(233,262)	(231,910)	(231,586)	(230,767)	(230,215)	(229,478)	(227,759)	(226,553)

L'ORDINE DI ARRIVO - *ARRIVAL ORDER*

	PILOTA	VETTURA	MEDIA	DISTACCO
	DRIVER	*CAR*	*AVERAGE*	*DELAY*
1.	**Gerhard Berger**	Ferrari	228.528	
2.	**Michele Alboreto**	Ferrari	228.503	0'0"502
3.	**Eddie Cheever**	Arrows	226.798	35"532
4.	**Derek Warwick**	Arrows	226.770	36"114
5.	**Ivan Capelli**	March	225.980	52"522
6.	**Thierry Boutsen**	Benetton	225.628	59"878
7.	**Riccardo Patrese**	Williams	224.920	1'14"743
8.	**Mauricio Gugelmin**	March	224.076	1'32"566
9.	**Alessandro Nannini**	Benetton	222.901	a 1 giro
10.	**Ayrton Senna**	McLaren	228.802	a 2 giri
11.	**Jean-Louis Schlesser**	Williams	219.119	a 2 giri
12.	**Julian Bailey**	Tyrrell	218.849	a 2 giri
13.	**René Arnoux**	Ligier	218.803	a 2 giri

I RITIRI - *WITHDRAWALS*

PILOTA	VETTURA	GIRI	CAUSA
DRIVER	*CAR*	*LAPS*	*REASON*
Alain Prost	McLaren	34	Motore
Philippe Alliot	Lola	33	Motore
Philippe Streiff	Ags	31	Frizione
Bernd Schneider	Zakspeed	28	Motore
Andrea De Cesaris	Rial	27	Fondo piatto
Piercarlo Ghinzani	Zakspeed	25	Motore
Alessandro Caffi	Bms Dallara	24	Centralina
Yannick Dalmas	Lola	17	Radiatore olio
Pierluigi Martini	Minardi	15	Motore
Satoru Nakajima	Lotus	14	Motore
Luis Perez Sala	Minardi	12	Cambio
Nelson Piquet	Lotus	11	Uscita di strada
Nicola Larini	Osella	2	Motore

I TEMPI MIGLIORI IN GARA
BEST LAPS

PILOTA E VETTURA	GIRO	TEMPO	MEDIA KMH
DRIVER AND CAR	*LAP*	*TIME*	*KMH AVERAGE*
Alboreto (Ferrari)	44	1'29"070	234.422
Berger (Ferrari)	47	1'29"113	234.309
Senna (McLaren)	29	1'29"569	233.116
Prost (McLaren)	27	1'29"642	232.927
Nannini (Benetton)	33	1'30"248	231.362
Cheever (Arrows)	42	1'30"452	230.841
Warwick (Arrows)	43	1'30"504	230.708
Capelli (March)	37	1'30"971	229.524
Boutsen (Benetton)	34	1'31"543	228.090
Patrese (Williams)	26	1'31"704	227.689
Piquet (Lotus)	11	1'31"803	227.444
Gugelmin (March)	27	1'31"832	227.372
Schneider (Zakspeed)	24	1'32"054	226.823
Caffi (Bms Dallara)	19	1'32"735	225.158
Nakajima (Lotus)	11	1'32"804	224.990
De Cesaris (Rial)	20	1'33"007	224.499
Schlesser (Williams)	39	1'33"179	224.085
Bailey (Tyrrell)	40	1'33"203	224.027
Ghinzani (Zakspeed)	10	1'33"476	223.373
Arnoux (Ligier)	42	1'33"486	223.349
Alliot (Lola)	28	1'33"581	223.122
Streiff (Ags)	31	1'33"898	222.369
Martini (Minardi)	8	1'34"420	221.140
Dalmas (Lola)	15	1'34"723	220.432
Sala (Minardi)	11	1'35"020	219.743
Larini (Osella)	2	1'38"570	211.829

Il tempio della velocità, così è stato giustamente definito l'autodromo nazionale di Monza venne costruito in pochi mesi per ospitare la seconda edizione del Gran Premio, dopo che la prima si era svolta su di un tracciato stradale in prossimità di Brescia, culla del nostro motorismo sportivo.

Quel primo Gran Premio aveva visto la disfatta della Fiat, con vittoria di Jules Goux, al volante della francese Ballot. Si tentò di giustificare quella sconfitta, avvenuta fra l'altro alla presenza del re, asserendo che le nostre case non avevano la possibilità di primeggiare nelle corse per la mancanza di un circuito permanente. Così, per colmare questa lacuna, nacque Monza. Non mancarono, neppure allora, le polemiche, in quanto gli ecologisti di quei tempi remoti, ebbero molto da dire sulla scelta del Parco di Monza per la costruzione dell'impianto.

Da quando è stato istituito il campionato del mondo di Formula 1, a parte l'edizione del 1980, dirottata su Imola, Monza ha sempre organizzato il Gran Premio d'Italia. Ma anche in precedenza i cambiamenti di sede sono stati assai rari. Nel 1937 si optò per il circuito dell'Ardenza a Livorno, un po' per compiacere la famiglia Ciano, padrona e signora della città toscana, ma soprattutto nella speranza che un tracciato cittadino, decisamente meno veloce di Monza, potesse frenare le invincibili vetture tedesche contro cui nulla poteva l'Alfa Romeo. Anche in quella occasione, però, il successo andò alla Mercedes condotta dal grande Rudolf Caracciola.

Nell'immediato dopoguerra, mentre fervevano i lavori di ricostruzione dell'autodromo di Monza, il Gran Premio d'Italia venne organizzato, nel '47, nel Parco di Milano e, nel '48, sul circuito del Valentino, a Torino.

La stagione successiva Monza riapriva i suoi battenti, regalando la vittoria alla Ferrari affidata ad un pupillo di casa, il milanese Alberto Ascari, figlio d'arte, vale a dire di quell'Antonio che aveva perso la vita nel Gran Premio di Francia del 1925.

Pista storicamente veloce quella di Monza è stata modificata, alcuni sostengono snaturata, in due riprese, nel '72 e nel '76, con l'introduzione di alcune chicanes, per renderla meno rapida.

A spingere gli organizzatori verso un simile passo era stato il successo conquistato da Peter Gethin, con la BRM, nel 1971, all'impressionante media oraria di chilometri 242,615.

Il Gran Premio d'Italia viene seguito, tradizionalmente, con una passione straordinaria da parte del pubblico, che prende d'assalto l'autodromo con il miraggio di sempre: assistere ad un trionfo della Ferrari. Purtroppo la Casa del Cavallino manca il successo a Monza dal 1979, quando Jody Scheckter non solo trionfò nella corsa, ma conquistò anche il titolo mondiale.

Pesanti nuvole si addensano adesso sul futuro dell'autodromo. Da parte delle autorità sportive internazionali c'è la richiesta di una ristrutturazione della zona dei box, mentre le forze politiche di Monza e di Milano si disinteressano del patrimonio che rappresenta quello che è stato definito il tempio della velocità.

The Monza national racetrack - which has been rightly called the "Temple of Speed" - took just a few months to build. This Monza track was specially built for holding the 2nd Italian Grand Prix event, the 1st having been held on the streets and roads in the area of Brescia, the birthplace of our racing car events.

That 1st event at Brescia saw the defeat of the Fiat with Jules Goux at the wheel of the French Ballot. Seeing as how the King of Italy was a witness to this defeat, and wanting to find some way to justify it, it was explained that our racing car manufacturers were at a disadvantage because Italy had no permanent racetrack facilities. So, this was how the Monza track came into existence. Even back then, ecologists were quick to vigorously complain that the Park of Monza was not the place to set up these facilities.

Except for the race that was held in Imola in 1980, all the Italian Formula 1 Grand Prix events have been held at Monza. But even prior to this time, the Grand Prix was rarely held elsewhere. In 1937, for example, the Ardenza track at Leghorn was chosen for the event. This was done to please the Ciano family, the patrons of this Tuscan city, but it was especially done because this track was slower than Monza's and thus provided the hope of beating the devilishly fast German cars, that were always beating the Alfa Romeos. This hope, however, was not fulfilled, as the Mercedes won with that great driver Rudolf Caracciola at the wheel.

Right after the war, while the Monza track was feverously being reconstructed posthaste, the 1947 Grand Prix was held in the Park of Milan, and the 1948 event at the Valentino track in Turin.

Then, in 1949, Monza opened up, and the race held there that year was won by the Ferrari with the manufacturer's pupil, Alberto Ascari - a Milanese, and the son and "art-child" of Antonio Ascari who tragically lost his life in the 1925 French Grand Prix - at the wheel.

The historically fast Monza track was modified - some refer to it as having been "adulterated" - in two different phases (in '72 and in '76) by the introduction of a few chicanes to slow it down.

What led the organizers to make this decision was Peter Gethin's victory in a BMW in 1971, when he attained the frightening average speed of 242.615 km/hr!

The Italian Grand Prix is traditionally very enthusiastically supported by the fans that cram the racetrack always in the hopes of seeing the Ferrari win. But, unfortunately, these hopes have not been fulfilled since 1979 when Jody Scheckter in his Ferrari not only won the race but also the world's championship.

Dark clouds have been appearing on Monza's horizon. The international sports authorities have requested that the pit area be restructured, and the political authorities both in Monza and Milano seem to have lost interest in the national asset represented by the "Temple of Speed".

PORTUGAL

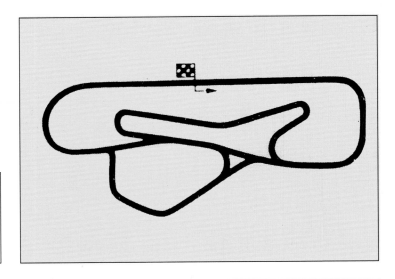

Data: 25 settembre 1988 - Circuito: Estoril - Distanza: 70 giri pari a km 304,500 - Direttore di gara: Amedée Pavesi Spettatori: 80.000 - Condizioni atmosferiche: cielo sereno sia in prova che in gara.

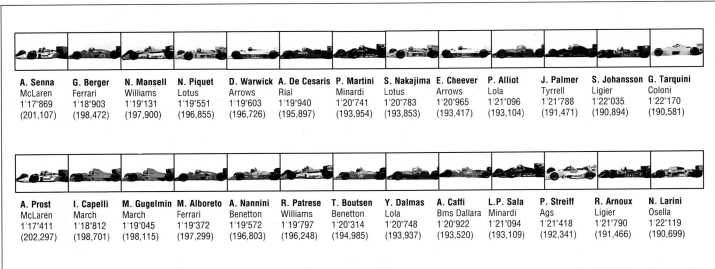

A. Senna	G. Berger	N. Mansell	N. Piquet	D. Warwick	A. De Cesaris	P. Martini	S. Nakajima	E. Cheever	P. Alliot	J. Palmer	S. Johansson	G. Tarquini
McLaren	Ferrari	Williams	Lotus	Arrows	Rial	Minardi	Lotus	Arrows	Lola	Tyrrell	Ligier	Coloni
1'17"869	1'18"903	1'19"131	1'19"551	1'19"603	1'19"940	1'20"741	1'20"783	1'20"965	1'21"096	1'21"788	1'22"035	1'22"170
(201,107)	(198,472)	(197,900)	(196,855)	(196,726)	(195,897)	(193,954)	(193,853)	(193,417)	(193,104)	(191,471)	(190,894)	(190,581)

A. Prost	I. Capelli	M. Gugelmin	M. Alboreto	A. Nannini	R. Patrese	T. Boutsen	Y. Dalmas	A. Caffi	L.P. Sala	P. Streiff	R. Arnoux	N. Larini
McLaren	March	March	Ferrari	Benetton	Williams	Benetton	Lola	Bms Dallara	Minardi	Ags	Ligier	Osella
1'17"411	1'18"812	1'19"045	1'19"372	1'19"572	1'19"797	1'20"314	1'20"748	1'20"922	1'21"094	1'21"418	1'21"790	1'22"119
(202,297)	(198,701)	(198,115)	(197,299)	(196,803)	(196,248)	(194,985)	(193,937)	(193,520)	(193,109)	(192,341)	(191,466)	(190,699)

L'ORDINE DI ARRIVO - *ARRIVAL ORDER*

	PILOTA	VETTURA	MEDIA	DISTACCO
	DRIVER	*CAR*	*AVERAGE*	*DELAY*
1.	**Alain Prost**	McLaren	187.034	
2.	**Ivan Capelli**	March	186.730	9"553
3.	**Thierry Boutsen**	Benetton	185.621	44"619
4.	**Derek Warwick**	Arrows	184.907	1'07"419
5.	**Michele Alboreto**	Ferrari	184.768	1'11"884
6.	**Ayrton Senna**	McLaren	184.569	1'18"269
7.	**Alessandro Caffi**	Bms Dallara	183.339	a 1 giro
8.	**Luis Perez Sala**	Minardi	181.540	a 2 giri
9.	**Philippe Streiff**	Ags	180.394	a 2 giri
10.	**René Arnoux**	Ligier	180.348	a 2 giri
11.	**Gabriele Tarquini**	Coloni	172.852	a 5 giri
12.	**Nicola Larini**	Osella	167.751	a 7 giri

I RITIRI - *WITHDRAWALS*

PILOTA	VETTURA	GIRI	CAUSA
DRIVER	*CAR*	*LAPS*	*REASON*
Mauricio Gugelmin	March	59	Motore
Nigel Mansell	Williams	54	Incidente
Jonathan Palmer	Tyrrell	53	Motore
Alessandro Nannini	Benetton	52	Assetto
Gerhard Berger	Ferrari	35	Uscita di strada
Nelson Piquet	Lotus	34	Frizione
Riccardo Patrese	Williams	29	Radiatore acqua
Pierluigi Martini	Minardi	27	Motore
Yannick Dalmas	Lola	20	Alternatore
Satoru Nakajima	Lotus	16	Incidente
Andrea De Cesaris	Rial	11	Semiasse
Eddie Cheever	Arrows	10	Turbina
Philippe alliot	Lola	7	Motore
Stefan Johansson	Ligier	4	Motore

I TEMPI MIGLIORI IN GARA
BEST LAPS

PILOTA E VETTURA	GIRO	TEMPO	MEDIA KMH
DRIVER AND CAR	*LAP*	*TIME*	*KMH AVERAGE*
Berger (Ferrari)	31	1'21"961	191.066
Boutsen (Benetton)	60	1'21"992	190.994
Prost (McLaren)	35	1'22"063	190.829
Capelli (March)	33	1'22"074	190.803
Alboreto (Ferrari)	65	1'22"123	190.690
Nannini (Benetton)	23	1'22"563	189.673
Mansell (Williams)	47	1'22"581	189.632
Senna (McLaren)	61	1'22"852	189.012
Caffi (Bms Dallara)	31	1'22"960	188.766
Warwick (Arrows)	43	1'23"043	188.577
Gugelmin (March)	40	1'23"138	188.362
Piquet (Lotus)	33	1'23"362	187.855
Larini (Osella)	44	1'23"715	187.063
Patrese (Williams)	26	1'23"907	186.635
Martini (Minardi)	25	1'23"918	186.611
Sala (Minardi)	38	1'24"301	185.763
De Cesaris (Rial)	10	1'24"390	185.567
Dalmas (Lola)	15	1'24"647	185.004
Streiff (Ags)	46	1'24"785	184.702
Palmer (Tyrrell)	42	1'24"950	184.344
Arnoux (Ligier)	59	1'24"954	184.335
Cheever (Arrows)	9	1'25"073	184.077
Tarquini (Coloni)	37	1'25"291	183.607
Nakajima (Lotus)	14	1'26"094	181.894
Alliot (Lola)	6	1'26"109	181.863
Johansson (Ligier)	4	1'26"153	181.770

Il Gran Premio del Portogallo vanta davvero una tradizione modesta. Ciò non toglie che il suo albo d'oro sia una specie di Gotha del motorismo internazionale, tanto da aprirsi con il nome di Stirling Moss, vincitore, con la Vanwall, della prima edizione valida per i campionati del mondo, disputata nel 1958 sul circuito di Oporto. Si sarebbe poi gareggiato la stagione successiva a Lisbona, con bis di Moss, e, nel '60, nuovamente ad Oporto, con Jack Brabham sul primo gradino del podio.

Poi una lunga, lunghissima pausa, finché dal 1984 il Gran Premio del Portogallo non è stato nuovamente inserito in calendario. L'odierno teatro della corsa è l'autodromo dell'Estoril, ad una trentina di chilometri da Lisbona, situato in prossimità di Villa Italia, la residenza, nella vicina zona di Cascais, prescelta da re Umberto per trascorrervi il suo penoso esilio.

Per anni destinato ad ospitare gare di secondaria importanza, l'autodromo dell'Estoril ha avuto un battesimo fortunato quando per la prima volta vi si è corso il Gran Premio del Portogallo.

Era il 21 ottobre del 1984 e quella prova, sedicesima ed ultima del campionato, assumeva un valore straordinario. Lì, sulle rive dell'Atlantico, si sarebbe infatti concluso l'appassionante duello fra Niki Lauda e Alain Prost, compagni e rivali alla McLaren, che avevano monopolizzato con i loro successi a catena l'intera stagione.

Sarebbe stata una corsa thrilling, degna di un copione cinematografico. Prost, partito in prima fila, al fianco del pole man Piquet, conquistava subito la testa della corsa, facendo capire che la vittoria non gli sarebbe certamente sfuggita. Lauda, invece, che per arrivare al titolo, con Alain primo, non aveva altro risultato a disposizione che un secondo posto, si trovava invischiato nel centro del plotone.

La sua rimonta appariva difficile, anche perché sulla sua strada incontrava un coriaceo Johanson, che non voleva saperne di farsi da parte. Ma alla fine il campione austriaco compiva il miracolo. Sul traguardo era secondo, erano suoi i 6 punti che gli permettevano di conquistare il terzo titolo mondiale con appena mezza frazione di vantaggio su Prost (72 contro 71,5).

Un Gran Premio leggendario, dunque, quello portoghese del 1984, ma anche nella stagione successiva sul circuito dell'Estoril si sarebbe assistito ad un evento rilevante: la prima vittoria in Formula 1 di Ayrton Senna Da Silva. Sotto una pioggia battente il giovane brasiliano, allora alla Lotus, ebbe modo di confermare che quanto aveva lasciato intravedere nel campionato precedente non era il frutto di fortunate circostanze. Quel successo dimostrò che una nuova stella si accingeva a brillare nell'universo della Formula 1.

Due Gran Premi, due storie da ricordare nella storia della Formula 1.

The Portugal Grand Prix has had a rather short history thus far. Nonetheless, its "golden album" is a sort of international car-racing Gotha. In fact, its first world-championship Grand Prix event, held in 1958 at the Oporto track, was won by Stirling Moss in a Vanwall. The following year, the event was held at Lisbon with Moss winning again. Then, in 1960, the race was again held at Oporto with Jack Brabham taking first honors.

Then there were no other races held for many years. It was only until the year 1984 that another Grand Prix was run in Portugal. Today, the Portugal Grand Prix is run at the Estoril racetrack, which is about 30 kilometers from Lisbon and located near Villa Italia - near Cascais - which is where King Umberto has chosen to live out his sad years of exile.

For years, the Estoril racetrack seemed destined only for races of secondary importance, but its fortunes took a change for the better when, for the first time, it was selected for the running of the Portugal Grand Prix.

This race was held on October 21st, 1984, the 16th and last race of the championship series. It was on that track, near the shores of the Atlantic ocean, that Niki Lauda and Alain Prost - who were both McLaren teammates and rivals - were to fight their final exciting duel in a season that had been monopolized by their chain of victories.

This thrilling race seemed like it followed a movie shooting script. The race started out with Prost sharing the pole position with Piquet. Prost immediately took the lead and made it quite clear that he was not going to let anyone take his lead away from him. Lauda, on the other hand, knew that if Alain took first place, he would only need a second place to win the world's title; but, at the start, he was back in the middle of the bunch.

Lauda played his cards close to the chest and very slowly and methodically edged past the others, until he found himself behind Johanson, who had no intention of letting him pass. But, almost miraculously, as the race came to an end, there he was, in second place behind Prost! That gave him the six points he needed to win his 3rd world's title. He beat Prost by half a point: his 72 against Prost's 71.5!

That race in Portugal in 1984 was a truly memorable event, but the following season at this same Estoril track another surprise was in store for the spectators: Ayrton Senna Da Silva's first Formula 1 victory. In the driving rain, the young Brazilian in his Lotus proved that the promising performance he had made in the previous championship events was not attributable to lucky circumstances. His victory demonstrated that there was a new star in the Formula 1 heavens.

These two Grand Prix events made Formula 1 history.

SPAIN

Data: 2 ottobre 1988 - Circuito: Jerez - Distanza: 72 giri pari a km 306,696 - Direttore di gara: Roland Bruynseraede Spettatori: 50.000 - Condizioni atmosferiche: sole il venerdì; parzialmente coperto il sabato e soleggiato con forte vento la domenica.

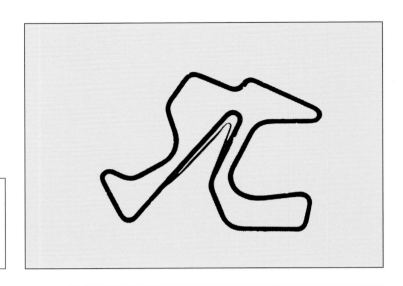

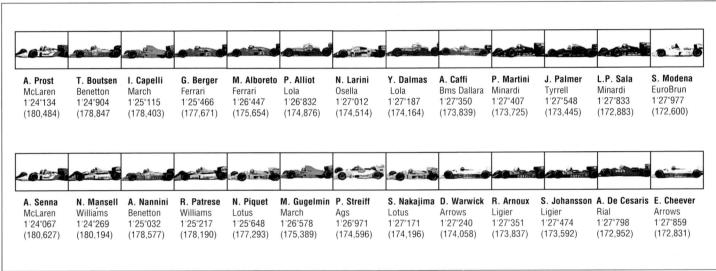

A. Prost	T. Boutsen	I. Capelli	G. Berger	M. Alboreto	P. Alliot	N. Larini	Y. Dalmas	A. Caffi	P. Martini	J. Palmer	L.P. Sala	S. Modena
McLaren	Benetton	March	Ferrari	Ferrari	Lola	Osella	Lola	Bms Dallara	Minardi	Tyrrell	Minardi	EuroBrun
1'24"134	1'24"904	1'25"115	1'25"466	1'26"447	1'26"832	1'27"012	1'27"187	1'27"350	1'27"407	1'27"548	1'27"833	1'27"977
(180,484)	(178,847)	(178,403)	(177,671)	(175,654)	(174,876)	(174,514)	(174,164)	(173,839)	(173,725)	(173,445)	(172,883)	(172,600)

A. Senna	N. Mansell	A. Nannini	R. Patrese	N. Piquet	M. Gugelmin	P. Streiff	S. Nakajima	D. Warwick	R. Arnoux	S. Johansson	A. De Cesaris	E. Cheever
McLaren	Williams	Benetton	Williams	Lotus	March	Ags	Lotus	Arrows	Ligier	Ligier	Rial	Arrows
1'24"067	1'24"269	1'25"032	1'25"217	1'25"648	1'26"578	1'26"971	1'27"171	1'27"240	1'27"351	1'27"474	1'27"798	1'27"859
(180,627)	(180,194)	(178,577)	(178,190)	(177,293)	(175,389)	(174,596)	(174,196)	(174,058)	(173,837)	(173,592)	(172,952)	(172,831)

L'ORDINE DI ARRIVO - ARRIVAL ORDER

	PILOTA	VETTURA	MEDIA	DISTACCO
	DRIVER	CAR	AVERAGE	DELAY
1.	Alain Prost	McLaren	167.586	
2.	Nigel Mansell	Williams	166.915	26"232
3.	Alessandro Nannini	Benetton	166.680	35"446
4.	Ayrton Senna	McLaren	166.395	46"710
5.	Riccardo Patrese	Williams	166.376	47"430
6.	Gerhard Berger	Ferrari	166.265	51"813
7.	Mauricio Gugelmin	March	165.657	1'15"964
8.	Nelson Piquet	Lotus	165.623	1'17"309
9.	Thierry Boutsen	Benetton	165.615	1'17"655
10.	Alessandro Caffi	Bms Dallara	164.552	a 1 giro
11.	Yannick Dalmas	Lola	163.224	a 1 giro
12.	Luis Perez Sala	Minardi	162.419	a 2 giri
13.	Stefano Modena	EuroBrun	161.870	a 2 giri
14.	Philippe Alliot	Lola	158.329	a 3 giri

I RITIRI - WITHDRAWALS

PILOTA	VETTURA	GIRI	CAUSA
DRIVER	CAR	LAPS	REASON
René Arnoux	Ligier	0	Acceleratore
Jonathan Palmer	Tyrrell	4	Assetto
Nicola Larini	Osella	9	Sospensione
Satoru Nakajima	Lotus	14	Incidente
Pierluigi Martini	Minardi	15	Acceleratore
Michele Alboreto	Ferrari	16	Motore
Philippe Streiff	Ags	15	Motore
Andrea De Cesaris	Rial	37	Motore
Derek Warwick	Arrows	41	Scocca
Ivan Capelli	March	45	Motore
Eddie Cheever	Arrows	60	Pneumatici
Stefan Johansson	Ligier	62	Assetto

I TEMPI MIGLIORI IN GARA
BEST LAPS

PILOTA E VETTURA	GIRO	TEMPO	MEDIA KMH
DRIVER AND CAR	LAP	TIME	KMH AVERAGE
Prost (McLaren)	60	1'27"845	172.859
Mansell (Williams)	57	1'27"999	172.557
Senna (McLaren)	60	1'28"273	172.021
Nannini (Benetton)	31	1'28"576	171.432
Boutsen (Benetton)	54	1'28"711	171.172
Berger (Ferrari)	70	1'28"716	171.162
Patrese (Williams)	71	1'28"861	170.883
Capelli (March)	40	1'29"197	170.239
Piquet (Lotus)	67	1'29"304	170.035
Gugelmin (March)	40	1'29"890	168.926
Caffi (Bms Dallara)	54	1'30"039	168.647
Cheever (Arrows)	45	1'30"186	168.372
Alliot (Lola)	63	1'30"336	168.092
De Cesaris (Rial)	21	1'30"363	168.042
Warwick (Arrows)	29	1'30"390	167.992
Dalmas (Lola)	29	1'31"063	166.750
Sala (Minardi)	41	1'31"246	166.416
Alboreto (Ferrari)	10	1'31"310	166.299
Johansson (Ligier)	48	1'31"551	165.862
Streiff (Ags)	15	1'31"853	165.316
Martini (Minardi)	14	1'32"017	165.022
Modena (EuroBrun)	36	1'32"263	164.582
Nakajima (Lotus)	13	1'32"296	164.523
Larini (Osella)	4	1'32"303	164.510
Palmer (Tyrrell)	2	1'32"315	164.489

Il Gran Premio di Spagna, inserito in calendario sin dalla seconda edizione del campionato del mondo di Formula 1, ha avuto come teatro originale il circuito di Pedralpes, in prossimità di Barcellona, dove, nel 1951, si risolse il magnifico duello tra Juan Manuel Fangio e Alberto Ascari, con la vittoria dell'argentino.

Poi la gara spagnola, dopo una pausa durata tre lustri, sarebbe stata ospitata, alternativamente, dall'autodromo di Jarama, vicino a Madrid, e dal circuito cittadino di Barcellona, allestito nel suggestivo parco del Montjuich.

Nel 1975, però, un grave incidente (volò fuori strada Stommelen uccidendo due spettatori e ferendone una decina) decretò la fine di questo tracciato, per molti aspetti simile a quello di Montecarlo.

Da notare che a quella tragica gara non prese il via Emerson Fittipaldi, allora campione del mondo in carica con la McLaren, in segno di protesta contro gli organizzatori che pretendevano di fare disputare una prova valida per il mondiale di Formula 1 su di un circuito decisamente inadeguato. I fatti, poi, avrebbero tristemente dato ragione al fuoriclasse brasiliano.

Il Gran Premio emigrava così a Madrid; in seguito, però, per cinque lunghi anni la Spagna è stata privata della sua corsa. L'ultima, quella del 1981, va comunque ricordata per la vittoria strepitosa ottenuta da Gilles Villeneuve.

Con la Ferrari turbo, che gli aveva già permesso di trionfare a Montecarlo quindici giorni prima, il pilota canadese riuscì a tenere a bada una scatenata muta di inseguitori, formata da Laffite, Watson, Reutemann e De Angelis, regolati in una volata degna di una corsa ciclistica.

A rivolere la Formula 1 in Spagna è stata la cittadina di Jerez de la Frontera, situata nel cuore dell'Andalusia, celebre nel mondo per i suoi vigneti da cui nasce lo sherry.

Anche qui, come in Ungheria, l'autodromo è stato costruito in pochi mesi, con un disegno indovinato della pista, anche se la corsia dei box appare troppo stretta per un impianto moderno ed alcune vie di fuga non convincono del tutto.

Proprio nella sua gara inaugurale, pur di fronte a pochi intimi, con le tribune desolatamente vuote, Jerez ha ospitato una gara esaltante, con Ayrton Senna che riusciva a precedere Nigel Mansell di pochi centesimi.

Nonostante l'impegno dei politici dell'Andalusia, sindaco di Jerez in testa, il Gran Premio non è ancora riuscito a conquistare la popolarità che un simile evento meriterebbe. Solo poche migliaia di persone hanno fin'ora onorato la manifestazione.

I motivi? Una inadeguata promozione, il costo troppo elevato dei biglietti e una inadeguata ricettività alberghiera.

The Spanish Grand Prix dates back to the second Formula 1 championship series. The track originally used for the Spanish Grand Prix is the one at Pedralpes, near Barcellona. This is where, in 1951, the spectators were thrilled by the magnificent duel between Juan Manuel Fangio and Alberto Ascari, with the victory going to the Argentine. After a 15-year interval of inactivity, the Spanish race came back onto the scene, alternating from the Jarama racetrack, near Madrid, and the racetrack in Barcelona, which was located in the marvelous Montjuich Park and made use of the existing city streets.

The Montjuich track - which, in many respects, resembles the Montecarlo track - was crossed off the list after the very serious accident occurred, in 1975, where Stommelen veered off the track, killing two spectators and injuring a dozen others.

Emerson Fittipaldi - who was the world champion at that time with his McLaren - had refused to take part in this tragic race in sign of protest. He wanted to underline to the organizers that the track was altogether inadequate for running a world championship Formula 1 event. His judgment - unfortunately for the victims - proved to be completely substantiated.

The Spanish Grand Prix was thus shifted to Madrid. Subsequently, however, no other races were held for five long years. The last Spanish Grand Prix was held in 1981, which was important because of the outstanding victory obtained by Gilles Villeneuve.

The Canadian driver - in the same Ferrari turbo that had provided him with his victory 15 days earlier at Montecarlo - took the lead and kept it in front of a close-knit pressing group consisting of Lafitte, Watson, Reutemann and De Angelis. The final sprint had all the characteristics of the final sprint in a bicycle race.

The Formula 1 races were then scheduled at Jerez de la Frontera, which is located in the heart of Andalusia, the celebrated home of fine Spanish sherry.

As in Hungary, this racetrack was built in just a few months. The track is well designed and laid out, but the pit area seems to be too narrow for the use of modern equipment, and a few escape routes are not altogether convincing.

The inaugural race, although the stands were almost completely empty and only a few close friends were present, was really quite exciting, with Ayrton Senna beating Nigel Mansell by just a few centimeters.

The political authorities of Andalusia, headed by the Mayor of Jerez, have certainly put in a good deal of effort to make a big success of this racing enterprise; but, up to now, the Grand Prix events have not won the popularity they deserve. Just a few thousand people have, to date, honored these events with their presence.

The reason this is so is because there has not been enough put into promotion, for one, and, besides the tickets costing too much, there are not enough hotel facilities available in the area.

JAPAN

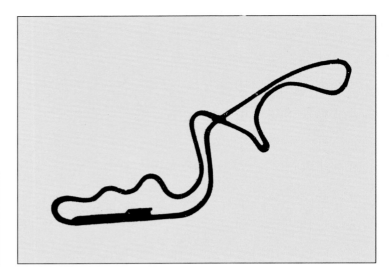

Data: 30 ottobre 1988 - Circuito: Suzuka - Distanza: 51 giri pari a km 298,809 - Direttore di gara: Bourdette Martin Spettatori: 140.000 - Condizioni atmosferiche: parzialmente coperto in prova; molto nuvoloso con tratti di pioggia in gara.

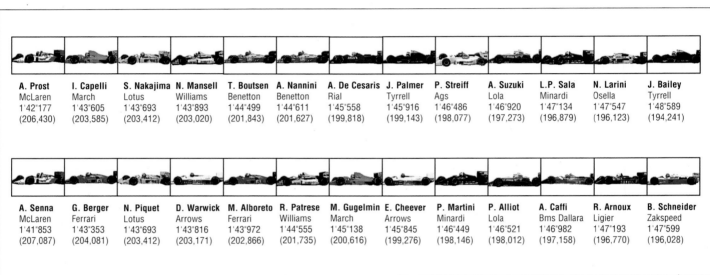

A. Prost	I. Capelli	S. Nakajima	N. Mansell	T. Boutsen	A. Nannini	A. De Cesaris	J. Palmer	P. Streiff	A. Suzuki	L.P. Sala	N. Larini	J. Bailey
McLaren	March	Lotus	Williams	Benetton	Benetton	Rial	Tyrrell	Ags	Lola	Minardi	Osella	Tyrrell
1'42"177	1'43"605	1'43"693	1'43"893	1'44"499	1'44"611	1'45"558	1'45"916	1'46"486	1'46"920	1'47"134	1'47"547	1'48"589
(206,430)	(203,585)	(203,412)	(203,020)	(201,843)	(201,627)	(199,818)	(199,143)	(198,077)	(197,273)	(196,879)	(196,123)	(194,241)

A. Senna	G. Berger	N. Piquet	D. Warwick	M. Alboreto	R. Patrese	M. Gugelmin	E. Cheever	P. Martini	P. Alliot	A. Caffi	R. Arnoux	B. Schneider
McLaren	Ferrari	Lotus	Arrows	Ferrari	Williams	March	Arrows	Minardi	Lola	Bms Dallara	Ligier	Zakspeed
1'41"853	1'43"353	1'43"693	1'43"816	1'43"972	1'44"555	1'45"138	1'45"845	1'46"449	1'46"521	1'46"982	1'47"193	1'47"599
(207,087)	(204,081)	(203,412)	(203,171)	(202,866)	(201,735)	(200,616)	(199,276)	(198,146)	(198,012)	(197,158)	(196,770)	(196,028)

L'ORDINE DI ARRIVO - ARRIVAL ORDER

	PILOTA	VETTURA	MEDIA	DISTACCO
	DRIVER	CAR	AVERAGE	DELAY
1.	Ayrton Senna	McLaren	191.880	
2.	Alain Prost	McLaren	191.424	.13"363
3.	Thierry Boutsen	Benetton	190.652	.36"109
4.	Gerhard Berger	Ferrari	188.957	1'26"714
5.	Alessandro Nannini	Benetton	188.828	1'30"603
6.	Riccardo Patrese	Williams	188.596	1'37"615
7.	Satoru Nakajima	Lotus	187.787	a 1 giro
8.	Philippe Streiff	Ags	186.578	a 1 giro
9.	Philippe Alliot	Lola	186.555	a 1 giro
10.	Mauricio Gugelmin	March	185.677	a 1 giro
11.	Michele Alboreto	Ferrari	185.136	a 1 giro
12.	Jonathan Palmer	Tyrrell	184.863	a 1 giro
13.	Pierluigi Martini	Minardi	184.133	a 2 giri
14.	Julian Bailey	Tyrrell	181.315	a 2 giri
15.	Luis Perez Sala	Minardi	180.817	a 2 giri
16.	Aguri Suzuki	Lola	180.526	a 3 giri
17.	René Arnoux	Ligier	180.523	a 3 giri

I RITIRI - WITHDRAWALS

PILOTA	VETTURA	GIRI	CAUSA
DRIVER	CAR	LAPS	REASON
Bernd Schneider	Zakspeed	14	Abbandono
Derek Warwick	Arrows	16	Incidente
Ivan Capelli	March	19	Centralina
Alessandro Caffi	Bms Dallara	22	–
Nigel Mansell	Williams	24	Incidente
Nelson Piquet	Lotus	34	Abbandono
Nicola Larini	Osella	34	Perdita ruota
Eddie Cheever	Arrows	35	Turbocompressore
Andrea De Cesaris	Rial	36	Radiatore acqua

I TEMPI MIGLIORI IN GARA
BEST LAPS

PILOTA E VETTURA	GIRO	TEMPO	MEDIA KMH
DRIVER AND CAR	LAP	TIME	KMH AVERAGE
Senna (McLaren)	33	1'46"326	198.375
Prost (McLaren)	44	1'46"482	198.084
Boutsen (Benetton)	22	1'47"161	196.829
Capelli (March)	11	1'47"375	196.437
Nannini (Benetton)	34	1'47"991	195.316
Palmer (Tyrrell)	41	1'48"138	195.051
Patrese (Williams)	32	1'48"289	194.779
Mansell (Williams)	23	1'48"317	194.728
Piquet (Lotus)	23	1'48"402	194.576
Berger (Ferrari)	25	1'48"655	194.123
Nakajima (Lotus)	26	1'48"660	194.114
Cheever (Arrows)	24	1'48"734	193.982
Gugelmin (March)	32	1'48"780	193.900
Alliot (Lola)	35	1'48"913	193.663
Alboreto (Ferrari)	3	1'49"014	193.483
Streiff (Ags)	30	1'49"218	193.122
De Cesaris (Rial)	24	1'49"478	192.663
Martini (Minardi)	34	1'50"483	190.911
Sala (Minardi)	30	1'50"553	190.790
Warwick (Arrows)	9	1'50"583	190.738
Suzuki (Lola)	31	1'50"642	190.636
Caffi (Bms Dallara)	22	1'50"762	190.430
Schneider (Zakspeed)	12	1'51"435	189.280
Larini (Osella)	27	1'51"570	189.051
Bailey (Tyrrell)	40	1'51"638	188.936
Arnoux (Ligier)	30	1'52"062	188.221

La Honda, forte dei successi ottenuti come fornitrice di motori a teams di punta della Formula 1, si è fortemente battuta perché il Gran Premio del Giappone venisse nuovamente inserito in calendario. E la Federazione internazionale non ha certamente faticato troppo ad accontentare il gigante automobilistico dell'estremo oriente, scegliendo come sede della gara Suzuka, vale a dire il regno della Honda.

Il Gran Premio giapponese, pur vantando una minima tradizione, viene ricordato per la sua prima, drammatica edizione, quella del 1976, organizzata nell'autodromo che sorge alle pendici della montagna sacra del Fuji.

In quella corsa si giocavano il titolo mondiale Niki Lauda, campione uscente, reduce del terribile incidente del Nurburgring, e James Hunt, stravagante alfiere della McLaren.

Il giorno della gara un autentico uragano allagò tutta la zona, tanto che il Gran Premio ebbe inizio con un paio d'ore di ritardo, dopo che ne era stata messa in dubbio l'effettuazione.

Dopo appena due giri, Lauda si fermò ai box dicendo: "Mi ritiro; correre in queste condizioni è una follia". Ebbe così disco verde James Hunt, cui fu sufficiente il terzo posto per laurearsi campione del mondo.

Oltre agli alti costi della trasferta, a mettere fine al Gran Premio del Giappone fu l'incidente innescato, nel 1977, da Gilles Villeneuve, alla sua terza gara in Formula 1, (la seconda con la Ferrari). L'irruento pilota canadese, dopo avere tamponato la Tyrrell di Ronnie Peterson, uscì fuori strada, uccidendo due sfortunati spettatori.

Nel 1987 il Giappone ha dunque ospitato di nuovo una prova del mondiale, offrendo, come detto, la sede di Suzuka, il circuito non lontano da Osaka, dove la Honda cura, sempre in gran segreto, la messa a punto dei suoi vincenti ed affidabili motori.

Un esercito di tecnici e di maestranze ha duramente lavorato per rendere agibile il tracciato alle monoposto da Gran Premio. È stata allargata la pista, è stata rifatta la struttura dei box, sono state allestite nuove vie di fuga, mentre dove è stato ritenuto necessario, per attenuare la pericolosità della pista, ne è stato mutato il disegno.

Tali sono state le opere compiute che i piloti, quelli che a Suzuka avevano già gareggiato in prove di Formula 2, hanno stentato a riconoscere l'impianto.

Il rinato Gran Premio del Giappone è ha ridato sogni e speranze alle falangi di tifosi della Ferrari.

Sulla pista di Suzuka, dopo 37 Gran Premi di astinenza — purtroppo un record — la Casa del Cavallino rampante ha ritrovato l'appuntamento con la vittoria.

È stato Gerhard Berger, ottenuta la pole position, a volare solitario verso un trionfo per certi versi storico.

With Honda's remarkable contribution as regards the engines furnished for the cars driven by the leading Formula 1 teams, it has pressed strongly to have the Japanese Grand Prix put back on the calendar. The international Federation did not have to deliberate very long to decide to do just that. Suzuka - Honda's realm - was chosen as home base for the race.

A bit short on history, the Japanese Grand Prix will be remembered for its first dramatic event in 1976, which was held at the racetrack located on the slopes of the famous sacred Japanese mountain, Fuji.

With the world championship title at stake, there was Niki Lauda - the incumbent world champion, who had just recovered from his terrible accident at Nurburgring - and James Hunt, the extravagant McLaren standard-bearer.

On the day of the race, a cloudburst flooded the whole area, which made it seem impossible to run the race. However, after a two-hour delay, the race got under way.

Just two laps later, Lauda pulled into the pits and said, "I'm giving up. Racing under these conditions is sheer madness." James Hunt thus had the green light, and his coming in third was enough to make him the world champion.

What spelled the end of the Japanese Grand Prix, aside from the trasportation costs, was the accident in 1977 when Gilles Villeneuve - in his third Formula 1 race, and his second race with a Ferrari - bumped Ronnie Peterson's Tyrrell, veered off the track and unfortunately killed two spectators.

So, in 1987, Japan applied for and reacquired its Grand Prix event, with Suzuka track as its home base. This track is not far from Osaka, where Honda secretly perfects and tunes its highly-reliable and winning engines.

A large number of engineers and skilled workmen worked very hard to put this track into shape for the Formula 1 events. The track was widened, the pits were restructured, new escape routes were set up, and the track layout was modified as necessary to make it safer.

The changes were so radical that the Formula 2 drivers, who knew the old Suzuka track very well, could hardly recognize it.

The renewed Japanese Grand Prix also renewed the hopes of the phalanx of Ferrari fans.

The Suzuka track - with an abstinence of 37 Grand Prix events (a record, unfortunately) - was the scene of a belated Ferrari victory.

In this Ferrari victory, Gerhard Berger had the pole position and led the pack to what, to a certain extent, was a historic triumph.

AUSTRALIA

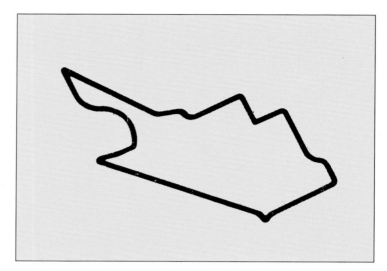

Data: 13 novembre 1988 - Circuito: Adelaide - Distanza: 82 giri pari a 309.960 km - Direttore di gara: Tim Schenken - Spettatori: 110.000 - Condizioni atmosferiche: caldo in tutti e tre i giorni; parzialmente coperto durante la gara.

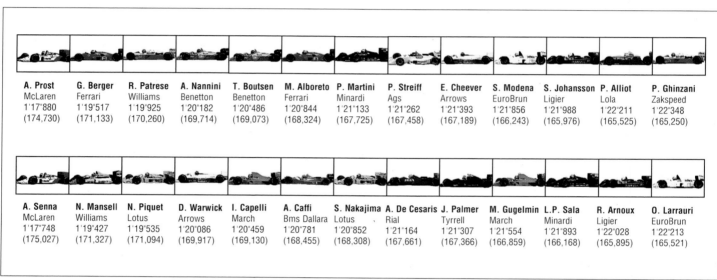

A. Prost	G. Berger	R. Patrese	A. Nannini	T. Boutsen	M. Alboreto	P. Martini	P. Streiff	E. Cheever	S. Modena	S. Johansson	P. Alliot	P. Ghinzani
McLaren	Ferrari	Williams	Benetton	Benetton	Ferrari	Minardi	Ags	Arrows	EuroBrun	Ligier	Lola	Zakspeed
1'17"880	1'19"517	1'19"925	1'20"182	1'20"486	1'20"844	1'21"133	1'21"262	1'21"393	1'21"856	1'21"988	1'22"211	1'22"348
(174,730)	(171,133)	(170,260)	(169,714)	(169,073)	(168,324)	(167,725)	(167,458)	(167,189)	(166,243)	(165,976)	(165,525)	(165,250)

A. Senna	N. Mansell	N. Piquet	D. Warwick	I. Capelli	A. Caffi	S. Nakajima	A. De Cesaris	J. Palmer	M. Gugelmin	L.P. Sala	R. Arnoux	O. Larrauri
McLaren	Williams	Lotus	Arrows	March	Bms Dallara	Lotus	Rial	Tyrrell	March	Minardi	Ligier	EuroBrun
1'17"748	1'19"427	1'19"535	1'20"086	1'20"459	1'20"781	1'20"852	1'21"164	1'21"307	1'21"554	1'21"893	1'22"028	1'22"213
(175,027)	(171,327)	(171,094)	(169,917)	(169,130)	(168,455)	(168,308)	(167,661)	(167,366)	(166,859)	(166,168)	(165,895)	(165,521)

L'ORDINE DI ARRIVO - *ARRIVAL ORDER*

PILOTA	VETTURA	MEDIA	DISTACCO
DRIVER	*CAR*	*AVERAGE*	*DELAY*
1. **Alain Prost**	McLaren	164.225	
2. **Ayrton Senna**	McLaren	163.341	36"787
3. **Nelson Piquet**	Lotus	163.084	47"546
4. **Riccardo Patrese**	Williams	162.312	1'20"088
5. **Thierry Boutsen**	Benetton	161.757	a 1 giro
6. **Ivan Capelli**	March	160.490	a 1 giro
7. **Pierluigi Martini**	Minardi	–	a 2 giri
8. **Andrea De Cesaris**	Rial	–	a 5 giri
9. **Stefan Johansson**	Ligier	–	a 6 giri
10. **Philippe Alliot**	Lola	–	a 7 giri
11. **Philippe Streiff**	Ags	–	a 9 giri

I RITIRI - *WITHDRAWALS*

PILOTA	VETTURA	GIRI	CAUSA
DRIVER	*CAR*	*LAPS*	*REASON*
Michele Alboreto	Ferrari	0	Incidente
Oscar Larrauri	EuroBrun	12	Semiasse
Jonathan Palmer	Tyrrell	16	Trasmissione
René Arnoux	Ligier	24	Incidente
Gerhard Berger	Ferrari	25	Incidente
Alessandro Caffi	Bms Dallara	32	Frizione
Luis Perez Sala	Minardi	41	Motore
Satoru Nakajima	Lotus	45	Incidente
Mauricio Gugelmin	March	46	Incidente
Eddie Cheever	Arrows	51	Motore
Derek Warwick	Arrows	52	Motore
Stefano Modena	EuroBrun	63	Semiasse
Alessandro Nannini	Benetton	63	Testa Coda
Nigel Mansell	Williams	65	Incidente
Piercarlo Ghinzani	Zakspeed	69	Fine benzina

I TEMPI MIGLIORI IN GARA
BEST LAPS

PILOTA E VETTURA	GIRO	TEMPO	MEDIA KMH
DRIVER AND CAR	*LAP*	*TIME*	*KMH AVERAGE*
Prost (McLaren)	59	1'21"216	167.553
Piquet (Lotus)	62	1'21"502	166.965
Capelli (March)	69	1'21"526	166.916
Senna (McLaren)	39	1'21"668	166.626
De Cesaris (Rial)	77	1'21"677	166.607
Mansell (Williams)	5	1'21"713	166.534
Boutsen (Benetton)	77	1'21"793	166.371
Berger (Ferrari)	21	1'21"900	166.154
Patrese (Williams)	62	1'21"948	166.057
Streiff (Ags)	56	1'22"288	165.370
Johansson (Ligier)	73	1'22"433	165.080
Nannini (Benetton)	61	1'22"467	165.011
Alliot (Lola)	62	1'22"506	164.933
Martini (Minardi)	3	1'22"888	164.173
Modena (EuroBrun)	40	1'22"935	164.080
Sala (Minardi)	40	1'23"195	163.568
Nakajima (Lotus)	12	1'23"500	162.970
Cheever (Arrows)	41	1'23"529	162.913
Gugelmin (March)	31	1'23"727	162.528
Caffi (Bms Dallara)	10	1'23"847	162.296
Warwick (Arrows)	10	1'24"064	161.877
Palmer (Tyrrell)	15	1'24"726	160.612
Larrauri (EuroBrun)	11	1'24"777	160.515
Arnoux (Ligier)	5	1'25"095	159.915
Ghinzani (Zakspeed)	8	1'26"100	158.049

L'Australia, pur avendo dato i natali a formidabili talenti, come Jack Brabham, tre volte campione del mondo, e Alan Jones, anche lui vincitore della corona iridata, è stata una recente conquista della Formula 1, tanto che la prima edizione del Gran Premio è stata allestita soltanto nell'autunno del 1985.

A promuovere l'iniziativa è stata Adelaide, la capitale del Nuovo Galles, una modesta cittadina di provincia, a metà fra la tradizione inglese e una voglia di novità di stampo americano.

Il circuito è cittadino ed è stato ricavato in una zona dove sorge l'ippodromo, in modo da utilizzarne le civettuole tribune e gli impianti fissi.

Come tutte le piste che si snodano su strade normalmente aperte al traffico non si contano le insidie, a cominciare dai muretti di cemento che ne delimitano la carreggiata. Come a Montecarlo, come a Detroit, neppure il minimo errore viene perdonato.

Nonostante l'enorme distanza che la divide dall'Europa, la trasferta australiana è fra le preferite da parte degli addetti ai lavori, perché permette di regalarsi una magnifica vacanza negli atolli dell'Oceano Pacifico, dove trionfano il sole, il mare totale e spiagge incontaminate.

Il giovane Gran Premio d'Australia è, comunque, già entrato nell'avventurosa storia della Formula 1, grazie al dramma sportivo che vi si è consumato nel 1986.

Sembrava la trama di un bel film dedicato allo sport, con il comprimario che si trasforma in campione; la storia di un uomo, di un pilota che ha dedicato tutto se stesso alla grande passione che lo divora.

Ma lo sport, quello vero, è fatto di trionfi, ma anche, se non soprattutto, di sconfitte clamorose, di profonde delusioni, come quella che ha patito Nigel Mansell.

In Australia gli sarebbe stato sufficiente giungere quarto per arrivare alla conquista del titolo, e invece, lo spettacolare scoppio di una gomma ha bucato anche il sogno della sua vita.

Così, corsa e vittoria finale sono andate ad Alain Prost, che, sul filo di lana ha beffato l'irriducibile inglese.

"Per Nigel — ha detto Prost, dopo essersi gustato il trionfo — deve essere stato terribile. Anch'io nel passato ho provato le sue stesse sensazioni. Sono convinto, però, che il mio avversario inglese troverà la forza per reagire, per tentare di raggiungere quell'obbiettivo che tutti i piloti si prefiggono all'inizio della loro carriera".

Una simile sfida, un simile epilogo e la cavalleria del vincitore non potevano non regalare il Gran Premio di Adelaide alla leggenda delle corse.

Although Australia has produced such formidable talents as Jack Brabham, 3-times world champion, and Alan Jones, also a winner of the glorified crown, it has only recently been able to have its own Grand Prix, which was held in the autumn of 1985.

Adelaide, the capital city of New South Wales, promoted this initiative. This medium-sized country town is a mix of English tradition and a longing for all the new things that come out of the U.S.A.

This is a city track and was developed in the area where the hippodrome is located, so as to make use of the saucy stands and other permanent facilities.

As with all the other tracks that make use of normal city streets, there are all kinds of particular difficulties, such as the concrete curbing. Just as with the Detroit track, there is no room for error.

Notwithstanding the great distance that separates Australia from Europe, all those involved in racing love to go there because of the magnificent experiences that can be had on the various Pacific atolls, with sun and beautiful clean sea and beaches.

This infant Australian Grand Prix has already made a name for itself in the Formula 1 history book, thanks to the exciting sports story that was written in 1986.

This race did indeed seem like something out of an exceptional sports film, where the bit player winds up becoming the champion. It is the story of a man - a driver - who has completely dedicated himself to his great consuming passion.

But in the reality of the sports world, while there are moments of exalting victory, there are - more often than not - moments of very shattering failure, such as those experienced by Nigel Mansell.

In Australia, all he needed to win the world title was to come in fourth, but the spectacular stroke of fate would have it that a blow-out should shatter his life's dream.

Thus, the palm of victory went to Alain Prost, who eked out his win over the unconsolable Englishman.

Basking in his victory, Prost commented, "It must have been terrible for Nigel. I've had to put up with the same kind of disillusionment. But I'm sure he's got the guts to pull himself together and go on trying to reach the objective that all drivers strive for right from the start of their careers."

An epilogue, challenge and sportsmanship of this type, on the part of the victor, cannot but put the Adelaide Grand Prix in the class of racing legend.

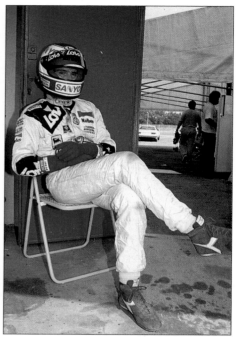

3-4	G.P. BRASILE		29-7	G.P. GERMANIA	
1-5	G.P. S.MARINO		7-8	G.P. UNGHERIA	
15-5	G.P. MONACO		28-8	G.P. BELGIO	
29-5	G.P. MESSICO		11-9	G.P. ITALIA	
12-6	G.P. CANADA		25-9	G.P. PORTOGALLO	
19-6	G.P. USA		2-10	G.P. SPAGNA	
3-7	G.P. FRANCIA		30-10	G.P. GIAPPONE	
10-7	G.P. G. BRETAGNA		13.11	G.P. AUSTRALIA	

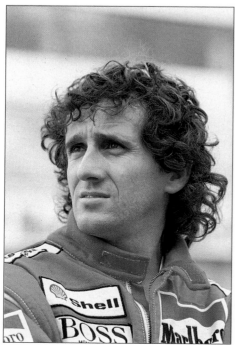

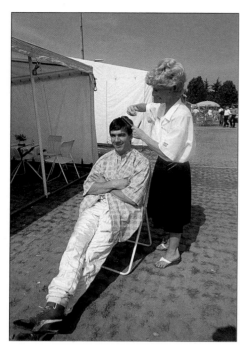